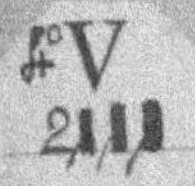

LE BRÉSIL

à

L'EXPOSITION INTERNATIONALE

DE

ST-PÉTERSBOURG.

1884.

LE BRÉSIL

à

L'EXPOSITION DE ST-PÉTERSBOURG

1884

LE BRÉSIL

À

L'EXPOSITION INTERNATIONALE

DE

ST-PÉTERSBOURG

1884

ST-PÉTERSBOURG
IMPRIMERIE TRENKÉ ET FUSNOT
15, Maximilianovsky péréoulok, 15
1884

PRÉFACE

DU

CATALOGUE GÉNÉRAL

DE

L'EXPOSITION DE CAFÉS DU BRÉSIL

à

ST-PÉTERSBOURG

MAI 1884

TABLE DES MATIÈRES.

III.

IV.

V.

VI.

VII.

L'EXPOSITION BRÉSILIENNE

à

ST-PÉTERSBOURG

1884.

L'EXPOSITION DU CAFÉ DU BRÉSIL

à

ST-PÉTERSBOURG

1884.

L'exposition des Cafés du Brésil à St-Pétersbourg est faite par la Société *Centro da Lavoura e do Commercio* de Rio-de-Janeiro (*Cercle de l'Agriculture et du Commerce*).

Cette Société s'est formée dans le but patriotique de développer et de perfectionner, par tous les moyens en son pouvoir, sous les auspices et avec l'aide du Gouvernement Impérial, l'agriculture du Brésil, et surtout les cultures des différentes espèces de café.

A cet effet, elle organise chaque année à Rio-de-Janeiro une exposition de cafés où sont admis tous les échantillons de cafés du pays et où la Société réunit aussi des spécimens de cafés étrangers pour mettre les planteurs brésiliens à même de connaître les progrès réalisés dans l'année, tant au Brésil que dans le monde entier.

En outre des expositions annuelles à Rio, la Société organise successivement des expositions dans les grandes villes de l'Europe et de l'Amérique, pour faire connaître aux consommateurs les cafés du Brésil, lesquels forment au moins 55 % de la production totale du globe. Voici les chiffres qui établissent ce rapport :

Production annuelle du Brésil . . . . . 22,500,000 pouds
de tous les autres pays réunis . 18,000,000 „
____
40,500,000

L'exposition actuelle des cafés brésiliens à St-Pétersbourg aura produit tout son effet utile si elle amène l'établissement de relations directes entre les deux grands Empires de la Russie et du Brésil, dont le commerce s'est fait jusqu'ici par l'intermédiaire de l'Angleterre et de l'Allemagne.

L'Exposition Brésilienne a été inaugurée solennellement en même temps que l'Exposition Internationale d'Horticulture, le 17 Mai (5 Mai du calendrier russe).

Leurs Majestés l'Empereur et l'Impératrice, accompagnés de Messeigneurs les Grands-Ducs et de Mesdames les Grandes-Duchesses, du Corps Diplomatique et de toute la Cour, ont daigné honorer de leur visite le Pavillon de l'Exposition Brésilienne.

Voici comment le *Journal de St-Pétersbourg* du 6 (18) Mai s'exprime au sujet de cette imposante cérémonie:

EXPOSITION INTERNATIONALE D'HORTICULTURE.

„L'ouverture solennelle a eu lieu cette après-midi. Dans la matinée, le jury international avait fait l'expertise supplémentaire dont nous avons parlé hier, après quoi les présidents et les secrétaires des seize groupes s'étaient réunis sous la présidence de *S. Exc. l'aide de camp général Greig* pour dresser la liste des récompenses.

„Vers 2 heures, les membres de la Société Impériale d'Horticulture et les exposants étaient déjà rassemblés au Manège Michel, et les invités commençaient à affluer. Des dignitaires de la Cour et des hauts fonctionnaires, des ministres et leurs adjoints, des généraux, de nombreux membres du corps diplomatique et beaucoup de dames de la haute société étaient réunis sur l'estrade de l'entrée de l'exposition. Leurs Altesses Impériales M^{grs} les Grands-Ducs Vladimir, Alexis et Serge Alexandrovitch, Nicolas Nicolaïévitch père et Michel Nicolaïévitch, ainsi que Son Altesse Royale Mme la Grande-Duchesse Anastasie de Mecklembourg-Schwerin et Son Altesse Impériale Mme la Grande-Duchesse Marie Pavlovna sont arrivés vers 3 heures. Un groupe compacte d'invités, de membres du Congrès de Botanique et d'Horticulture et d'exposants se trouvait au pied de l'estrade.

„Leurs Majestés l'Empereur et l'Impératrice, venant de Gatchina, ont fait leur entrée à l'exposition vers 3 heures un quart, aux sons de l'hymne national, entonné par l'orchestre, et ont été reçus par S. A. I. Mgr le Grand-Duc Nicolas Nicolaïévitch père, auguste protecteur de la Société Impériale d'Horticulture. S. M. l'Impératrice a reçu à son arrivée un magnifique bouquet de roses, orné de rubans rouge et blanc, au chiffre de Sa Majesté et qui lui a été présenté par Mlle de Greig. Le Souverain et la Souveraine, accompagnés de M^{grs} les Grands-Ducs et de Mmes les Grandes-Duchesses, de *M. l'Aide de Camp Général Greig*, ainsi que de membres du Comité Organisateur, et suivis d'invités et d'exposants, ont parcouru toute la vaste enceinte, s'arrêtant souvent pour examiner les massifs de fleurs, les plantes rares et remarquables et les détails de la belle ordonnance de l'exposition.

„L'enceinte du manège présentait un aspect aussi brillant qu'animé pendant la promenade de Leurs Majestés et de tous les augustes personnages. Les riches uniformes des généraux et des dignitaires, les grands-cordons, les uniformes variés des attachés militaires étrangers, les élégantes toilettes des dames se dessinaient en vives couleurs à travers les éclaircies des massifs de verdure et faisaient contraste avec le fond noir des groupes d'exposants en tenue de cérémonie.

„Mais, hélas! il manquait quelque chose pour le succès complet de l'ouverture solennelle: quelques rayons de soleil à travers les fenêtres. Nous avions aujourd'hui un ciel de plomb, qui assombrissait d'une manière fâcheuse l'enceinte du manège. Roses et azalées, camélias et rhododendrons, géraniums et lauriers-roses faisaient de leur mieux pour briller des vives couleurs dont la nature les a dotés,—mais le soleil leur manquait.

„LEURS MAJESTÉS ont aussi visité le Pavillon Brésilien, dont les honneurs leur ont été faits par S. Exc. *le Ministre du Brésil* et la députation arrivée dans notre capitale pour organiser l'exposition des cafés. *M. le baron d'Alhandra* a eu l'honneur d'offrir du café à LEURS MAJESTÉS, à SON ALTESSE ROYALE et à LEURS ALTESSES IMPÉRIALES, qui ont bien voulu l'accepter.

„Le Pavillon Brésilien avait été installé en toute hâte au dernier moment. Comme nous l'avons dit, il se trouve dans le jardin attenant au Manège. L'intérieur est orné du portrait de SA MAJESTÉ L'EMPEREUR DOM PEDRO II, de plusieurs vues de Rio-Janeiro, de drapeaux et de tentures aux couleurs brésiliennes. De nombreux échantillons de café sont exposés sur une double rangée de tables et au fond du pavillon se trouve un dressoir tout couvert de tasses, à l'intention des amateurs qui voudront déguster le café sur place."

Le Pavillon Brésilien sera ouvert tous les jours au public, excepté le Jeudi 10 Mai (calendrier russe, 22 Mai du calendrier réformé), de 1 heure à 3 heures et demie, pour la réunion des membres du haut commerce.

St-Pétersbourg, 7/19 Mai 1884.

CONSEIL D'ADMINISTRATION DE LA SOCIÉTÉ

„CENTRO DA LAVOURA E COMMERCIO".

PRÉSIDENT: *S. Exc. M^r le Vicomte de Sam-Clemente.*

VICE-PRÉSIDENT: *Mr J. C. Ramalho Ortigam.*

SECRÉTAIRES: *Mr Honorio Ribeiro.*
Mr H. Joppert.

TRÉSORIER: *S. Excellence le Baron de Quartin.*

MEMBRES DE LA DIRECTION: *M^r le Baron de Araujo-Ferraz.*

" " " *Mr Eduardo de Lemos.*

" " " *Docteur C. A. de Miranda Jordam.*

" " " *Mr J. de Mello Franco.*

" " " *Mr Valverde de Miranda.*

" " " *Mr Bruno Ribeiro.*

" " " *Mr H. de Araujo-Maia.*

EXPOSITION BRÉSILIENNE A ST-PÉTERSBOURG

(Mai 1884)

ORGANISÉE PAR LA SOCIÉTÉ

„Centro da Lavoura e Commercio,“

DE RIO DE JANEIRO,

D'ACCORD ET AVEC LA SANCTION

DU

GOUVERNEMENT IMPÉRIAL DU BRÉSIL.

Président du Conseil des Ministres et Ministre des Finances: — *S. Exc. Mr Lafayette-Pereira*, Sénateur de l'Empire.

Ministre de l'Agriculture, du Commerce et des Travaux Publics: — *S. Exc. Mr Moreira Penna*, Député.

Ministre de l'Intérieur, de l'Instruction Publique et des Cultes: — *S. Exc. Mr Antunes Maciel*, Député.

Ministre des Affaires Etrangères: — *S. Exc. Mr Soares Brandam*, Sénateur de l'Empire.

Ministre de la Justice: — *S. Exc. Mr Prisco Paraiso*, Député.

Ministre de la Guerre: — *S. Exc. Mr Franco de Sá*, Sénateur de l'Empire.

Ministre de la Marine: — *S. Exc. Mr Almeida Oliveira*, Député.

Directeur du Département Central au Ministère de l'Agriculture, du Commerce et des Travaux Publics: *M. F. L. de Gusman Lobo*, ancien député.

Ministre du Brésil en Russie.

M. le Baron d'Alhandra, Envoyé Extraordinaire et Ministre Plénipotentiaire de S. M. l'Empereur du Brésil.

Commission Brésilienne à l'Exposition de St-Pétersbourg.

DÉLÉGUÉ DU GOUVERNEMENT IMPÉRIAL ET PRÉSIDENT DE LA COMMISSION: *J. M. da Silva-Paranhos*, ancien député.

MEMBRES: *E. de Lemos*, Représentant du „Centro da Lavoura e Commercio“.

„ *H. de Araujo-Maia*, Représentant du „Centro da Lavoura e Commercio“.

„ *Le Dr F. da Cunha e Souza*, Représentant du „Centro da Lavoura e Commercio“.

„ *A. E. Schwabe*, Consul-Général du Brésil, en Russie.

„ *C. Gericke*, Vice-Consul du Brésil, à St-Pétersbourg.

SECRÉTAIRE: *J. Dumontier*, chef de bataillon du génie, en retraite.

„Vous êtes un peuple de sentiments élevés, vous êtes une généreuse nation. Vous avez le double avantage d'une terre vierge et d'une race antique. Un grand passé historique vous relie au continent civilisateur: vous réunissez la lumière de l'Europe au soleil de l'Amérique. C'est au nom de la France que je vous glorifie."

Victor Hugo.

(Lettre aux Brésiliens, datée de Hauteville House, Guernesey, 4 nov. 1880).

ERRATA

Page 8, Ligne 32: *Au lieu de* — le littoral excepté, — *lisez :* — le littoral de cette dernière excepté.

Page 18, dans la partie relative à la *Garde Nationale*, ligne 5, *au lieu de* — pesant la garde nationale, — *lisez :* — pesant sur la garde nationale.

Page 28, Ligne 4: *Au lieu de* — Ces dernières sont fabriquées, — *lisez :* — Ces derniers sont fabriqués.

Page 47, dernière ligne : *Au lieu de* — 8,000 tonnes, — *lisez :* — 6,300 à 8,000 tonnes.

Page 97, avant-dernière ligne : *Au lieu de* — 3,000 pouds, — *lisez :* — 3,000,000 pouds.

NOTE DU MINISTÈRE IMPÉRIAL DES AFFAIRES ÉTRANGÈRES DE RUSSIE A LA LÉGATION IMPÉRIALE DU BRÉSIL A ST-PÉTERSBOURG.

Ministère Impérial des Affaires Etrangères. — Département des Relations Intérieures. — № 3,507. — St-Pétersbourg, le 7 (19) Mai 1884. — Monsieur le Ministre. — Le Ministre Impérial des Affaires Etrangères n'a pas manqué de communiquer à celui des Finances le contenu de la note de la Légation Impériale du Brésil en date du 16 (28) Avril au sujet des échantillons de café et autres effets destinés à l'Exposition Internationale d'Horticulture de St-Pétersbourg. Monsieur le Ministre des Finances, prenant en considération que le susdit café ne sera pas mis en vente, a soumis la question des droits d'entrée à l'appréciation de Sa Majesté l'Empereur, et mon Auguste Maître a daigné ordonner de libérer complètement du payement des droits de douane le café importé par la *Société d'Agriculture et de Commerce* de Rio-Janeiro. — En portant cette Décision Souveraine à votre connaissance, je vous prie, Monsieur le Ministre, d'agréer l'assurance de ma considération la plus distinguée. — *(Signé) Giers.* — *M. le Baron d'Alhandra*, Envoyé Extraordinaire et Ministre Plénipotentiaire de Sa Majesté l'Empereur du Brésil.

NOTICE SUR LE BRÉSIL.

Historique.

L'Empire du Brésil est un pays nouveau. Soixante-deux ans à peine se sont écoulés depuis la proclamation de son indépendance.

Découvert par les Portugais en l'an 1500, le Brésil ne fut colonisé que trente ans plus tard. Les premiers colons eurent à lutter d'abord contre les tribus sauvages et guerrières qui peuplaient le pays; ensuite ils eurent à combattre les invasions européennes, surtout celles des Hollandais, alors à l'apogée de leur puissance, qui, durant une partie du XVIIᵉ siècle, parvinrent à maintenir leurs établissements sur la côte dans la région du Nord. Après une lutte de près de trente ans tout le territoire occupé par les Hollandais a été reconquis et l'unité du Brésil définitivement assurée.

En 1808 la Famille Royale de Bragance vint s'établir à Rio-de-Janeiro, qui devint ainsi la capitale de la monarchie portugaise; et, à partir de cette époque, tous les ports du Brésil furent ouverts au commerce étranger par une décision du Prince-Régent, le même qui fut plus tard Roi de Portugal sous le nom de Dom Jean VI.

En 1815 le Brésil fut élevé au rang de Royaume et fit partie du „Royaume-Uni de Portugal, Brésil et Algarves." Quand le Roi retourna en Europe (1821) l'héritier de la couronne, Dom Pedro, resta au Brésil en qualité de Prince-Régent.

En 1822, se plaçant à la tête de la population brésilienne, qui aspirait à l'indépendance, Dom Pedro proclama la séparation du Brésil, le 7 septembre, au milieu de l'enthousiasme général. Il fut acclamé Empereur (12 octobre 1822) et prêta serment à la Constitution.

Dom Pedro, qui avait abdiqué la couronne du Portugal en 1826, abdiqua celle du Brésil en 1831 et il se rendit en Europe pour y soutenir les droits de sa fille, la Princesse Dona Maria.

Ce prince chevaleresque mourut en 1834, à l'âge de 36 ans. Il laissait sur le trône du Portugal sa fille, la Reine Dona Maria, et sur le trône du Brésil son fils, S. M. Dom Pedro II, l'Empereur actuel.

Le Brésil est redevable à Dom Pedro Ier de son indépendance. Il lui doit également l'intégrité de son territoire et ses institutions politiques.

Pendant la minorité du second Empereur, alors que l'Etat était gouverné par des régents, le pays a traversé une période agitée par des révolutions et des émeutes dans plusieurs provinces.

En 1840 S. M. Dom Pedro II fut déclaré majeur. A partir de cette époque l'ordre fut partout rétabli et assuré, et l'Empire est entré résolûment dans la voie du progrès sous la sage direction de ce Prince ferme et éclairé.

Famille Impériale. — Organisation Politique.

Le gouvernement du Brésil est monarchique, héréditaire, constitutionnel, représentatif.

S. M. Dom Pedro II, fils du fondateur de l'Empire et de l'Impératrice Léopoldine, archiduchesse d'Autriche, est né à Rio de Janeiro le 2 décembre 1825, et succéda à son auguste père le 7 avril 1831. Le 23 juillet 1840 il a été déclaré majeur et fut couronné le 18 juillet de l'année suivante. Il a épousé en 1843 S. M. Dona Thérèse, fille de François Ier, Roi des Deux-Siciles.

L'héritière du trône est S. A. I. Dona Izabel, Princesse Impériale, mariée à S. A. R. le Prince Gaston d'Orléans, comte d'Eu, maréchal de l'armée brésilienne, fils aîné de S. A. R. le duc de Nemours.

De ce mariage sont nés: — les Princes Dom Pedro, Prince de Gram-Parà (15 octobre 1875); Dom Louis-Marie-Phillippe (26 janvier 1878); et Dom Antoine-Gaston (9 août 1881).

Du mariage de feu la Princesse Dona Léopoldine, seconde fille de l'Empereur, et S. A. R. le Prince Auguste, duc de Saxe, sont nés: — les Princes Dom Pedro-Auguste (19 mars 1866); Dom Auguste (6 décembre 1867); Dom Joseph-Ferdinand (21 mai 1869); Dom Louis-Gaston (16 septembre 1870).

La Constitution Politique de l'Empire date du 25 mars 1824 et a été modifiée en partie par l'Acte Additionnel de 1834. Elle reconnaît quatre pouvoirs politiques: législatif, modérateur, exécutif et judiciaire.

Le Pouvoir Législatif est délégué à la Chambre des Députés et au Sénat, avec sanction de l'Empereur.

Le Sénat se compose de 58 membres. Les sénateurs sont inamovibles. Lorsqu'il y a un siège vacant, les électeurs de la province à laquelle il appartient présentent au choix de l'Empereur une liste de trois noms.

Pour l'élection des députés la capitale de l'Empire et les provinces sont divisées en arrondissements électoraux depuis la réforme du 9 janvier 1881 qui a établi le suffrage direct. Chaque arrondissement nomme un député. La Chambre est élue pour quatre ans. L'Empereur a le droit de dissolution.

L'Empereur est le chef du Pouvoir Exécutif. Il l'exerce par les ministres d'Etat.

Il y a sept départements ministériels, savoir: — Ministère des Finances; de l'Empire (Intérieur, Instruction Publique, Cultes); de la Justice; des Affaires Étrangères; de la Guerre; de la Marine et de l'Agriculture, Commerce et Travaux publics.

Le Président du Conseil prend un de ces départements ministériels.

Le Conseil d'Etat se compose de 24 membres. Bien qu'il soit purement consultatif, il est un auxiliaire des plus importants pour assurer la bonne administration. L'héritier ou l'héritière du Trône fait partie du Conseil d'Etat. Les autres princes de la Famille Impériale et l'époux de l'héritière présomptive de la Couronne n'en font partie qu'en vertu d'une nomination de l'Empereur.

Le Pouvoir Judiciaire est indépendant. Les juges sont inamovibles. Dans les provinces les plus importantes il y a des cours d'appel et des tribunaux de commerce. A Rio-de-Janeiro siège le tribunal suprême de justice.

Le Pouvoir Modérateur est exclusivement délégué à l'Empereur, comme chef suprême de la nation, afin qu'il puisse veiller constamment au maintien de l'indépendance, à l'équilibre et à l'harmonie des autres pouvoirs politiques.

Les vingt provinces de l'Empire sont administrées par des présidents nommés par le Gouvernement Impérial. Chaque province a une assemblée législative d'élection populaire. Dans chaque ville il y a une chambre municipale.

Religion.

La religion catholique romaine est la religion de l'Etat, et celle de la presque totalité des Brésiliens, mais toutes les autres religions sont tolérées. Personne ne peut être inquiété pour ses opinions religieuses.

Situation. — Superficie. — Population.

L'Empire du Brésil occupe la partie orientale de l'Amérique du Sud. Les trois Guyanes et tous les Etats de cette partie du Nouveau-Monde, le Chili excepté, lui sont limitrophes. Il est compris entre les latitudes de 5° 10' Nord et 33° 46' 10" Sud, et les longitudes de 8° 21' 24" Est et 32° Ouest du méridien de Rio-de-Janeiro. [*)]

Ce vaste Empire comprend à lui seul le quinzième de la superficie terrestre du globe, soit le cinquième des deux Amériques ou plus des trois septièmes de l'Amérique du Sud. Sa superficie est de 8,337,218 kilom. carrés, soit 16 fois celle de la France ou de l'Allemagne et 30 fois celle de l'Italie. Comme étendue territoriale l'Empire du Brésil vient après l'Empire Russe, l'Empire Britannique et la Chine.

La population est aujourd'hui de 12,000,000 d'habitants seulement, chiffre bien faible, il est vrai, pour un aussi vaste territoire, mais qui s'accroît rapidement, d'abord par les naissances, ensuite et surtout par l'immigration européenne.

Ce pays, d'une richesse naturelle et d'une fécondité vraiment admirables, où la vie est si facile, pourrait contenir aisément 700,000,000 d'habitants si la population était aussi dense que celle de l'Allemagne, de la France ou des autres Etats européens.

Les habitants du Brésil appartiennent, partie aux trois races caucasienne, africaine et indienne, partie aux croisements de ces races, dans les proportions suivantes:

Individus de pure race caucasienne . . . un tiers.
     »   de race africaine ou indienne . un tiers.
     »   métis . . . . un tiers.

Le nombre des étrangers est de près de 300,000, dont plus de moitié Portugais. Viennent ensuite les Allemands et les Italiens.

Le tableau suivant donne pour chaque province le nom du chef-lieu, la superficie et les chiffres de la population:

[*)] Le méridien de Rio-de-Janeiro est à la longitude de:

73° 25' 15" Ouest de St-Pétersbourg.
45° 27' 15" » de Paris.
43° 7' 6" » de Greenwich.

RÉSIDENCE DE LA CAPITALE DE L'EMPIRE ET PROVINCES.	Chefs-lieux.	Superficie en kilom. carrés.	Population.		TOTALE.
			libre.	esclave ¹).	
Municipe Neutre. . . .	Rio-de-Janeiro	1,394	400,000	35,568 (1879)	435,568
Provinces:					
Amazonas	Manáos. . . .	1,897,020	80,000	942 (1879)	80,942
Pará	Belem do Pará	1,149,712	320,000	23,511 (1882)	343,511
Maranhão	Sam-Luiz . .	459,884	370,000	60,059 (1882)	430,059
Piauhy.	Theresina. . .	301,797	221,000	18,691 (1882)	239,691
Ceará	Fortaleza . . .	104,250	722,000	— (1884)	722,000
Rio-Grande-do-Norte . .	Natal.	57,485	259,000	10,051 (1882)	269,051
Parahyba	Parahyba. . .	74,731	407,000	25,817 (1882)	432,817
Pernambuco	Recife	128,395	930,000	84,700 (»)	1,014,700
Alagôas	Maceyó	58,491	368,000	29,379 (»)	397,379
Sergipe	Aracajú. . . .	39,090	185,000	26,173 (»)	211,173
Bahia	Bahia.	426,427	1,490,000	165,403 (»)	1,655,403
Espírito-Santo	Victoria. . . .	44,839	80,000	20,717 (»)	100,717
Rio-de-Janeiro	Nietheroy. . .	68,982	670,000	268,831 (»)	938,831
S. Paulo.	S. Paulo . . .	290,876	890,000	168,950 (1876)	1,058,950
Paraná.	Corityba . . .	221,319	182,000	7,668 (1882)	189,668
Santa-Catharina	Desterro . . .	74,156	190,000	11,043 (1882)	201,043
Rio-Grande-do-Sul . . .	Porto-Alegre. .	236,553	500,000	68,703 (1882)	368,703
Minas-Geraes.	Ouro-Preto . .	574,855	2,170,000	279,010 (1882)	2,449,010
Goyaz.	Goyaz.	747,311	185,000	6,711 (1879)	191,711
Matto-Grosso	Cuyabá	1,379,651	65,000	7,051 (1876)	72,051
Totaux		8,337,218 kilom. carrés	10,654,000	1,318,978 ²)	12,002,978
Indiens Sauvages.					600,000
					12,602,978 habitants.

---

¹) Les chiffres entre parenthèse indiquent l'année du dernier recensement certain dont nous disposons.

²) La population esclave n'est plus aujourd'hui (1884) de 1,318,978. D'après les dernières données statistiques le nombre des esclaves se réduit à 1,150,000, et le chiffre de la population libre a considérablement augmenté. En 1873 le nombre des esclaves était de 1,540,796. Il y a donc eu en dix ans une réduction de 390,000.

Voici pour les principales villes les chiffres de la population:

Rio-de-Janeiro, capitale de l'Empire	350,000
Nichteroy, chef-lieu de la province de Rio-de-Janeiro	30,000
Bahia	140,000
Recife de Pernambuco	130,000
Belem de Parà	40,000
St-Paulo	40,000
St-Luiz de Maranham	35,000
Porto-Alegre	35,000
Ouro-Preto	20,000
Rio-Grande	18,000
Santos	14,000

Dans le tableau ci-dessus les esclaves figurent pour un dixième de la population. C'est qu'en effet le Brésil, moins heureux que la Russie, ne pouvait accomplir et terminer d'un seul coup la glorieuse réforme qui sera l'honneur éternel de l'Empereur Alexandre II, car au Brésil toute la prospérité agricole était fondée sur le travail des esclaves. Mais l'œuvre de l'affranchissement, qu'on ne pouvait brusquer sans danger, s'opère aujourd'hui peu à peu, sans secousse et sans préjudice pour les sources de la production et pour la prospérité nationale.

La traite des esclaves a été abolie dès 1851. Une loi du 28 septembre 1871 a déclaré libre désormais tout enfant né de parents esclaves et affecté le produit de certains impôts à la libération des esclaves nés antérieurement à la loi. Et depuis cette époque les grands propriétaires ruraux et le peuple brésilien tout entier, secondant les généreux efforts du Gouvernement Impérial, aident à l'œuvre de l'affranchissement.

Le 25 mars dernier la province de Ceara a affranchi tous les esclaves qui se trouvaient sur son territoire et cet événement a été célébré dans toute l'étendue de l'Empire par des réjouissances publiques.

On peut entrevoir déjà le jour, désormais prochain, où l'Empire du Brésil n comptera plus que des hommes libres.

Immigration. — Catéchisation des Sauvages.

Le gouvernement impérial favorise la colonisation de la façon la plus libérale et la plus intelligente. Des colonies de l'Etat, des colonies provinciales et particulières ont été organisées pour accueillir les nouveaux arrivants et les mettre à même de se constituer par le travail une existence large et assurée. Tout immigrant qui arrive au port de Rio-de-Janeiro y trouve la protection et les secours de l'„Inspection Générale des Terres et de la Colonisation", dont les agents externes et interprètes se rendent à bord des transatlantiques. Les nouveaux colons sont conduits à une hôtellerie entretenue par l'Etat, où ils sont logés et nourris, et où ils reçoivent tous les renseignements nécessaires pour choisir en connaissance de cause, suivant leurs aptitudes et leur goût, la ville ou la colonie qu'ils préfèrent. Ils sont transportés ensuite à la colonie de leur choix. Là encore on leur facilite les moyens d'acquérir à prix minime le terrain et les instruments de travail.

La sollicitude paternelle et éclairée de l'administration pour les nouveaux venus a porté ses fruits. Il s'est formé de l'Europe vers le Brésil un courant d'émigration qui s'accentue chaque jour davantage. Cet entraînement se produit spontanément sous l'influence des heureux résultats signalés par les colons déjà établis à leurs familles ou à leurs amis restés en Europe. Depuis quelques années le Brésil n'a plus à l'étranger, comme d'autres Etats de l'Amérique du Sud, d'agences spéciales chargées de provoquer le mouvement d'émigration. Les arrivages d'immigrants dans le seul port de Rio-de-Janeiro ont été de

9,123 en 1870
12,331 — 1871
18,441 — 1872
14,931 — 1873
29,027 — 1877
22,423 — 1878
22,859 — 1880
25,845 — 1882

L'année dernière le nombre des immigrants qui débarquèrent à Rio-de-Janeiro a été de 30,000. Le Brésil ayant plusieurs grands ports qui ont des relations directes avec l'Europe, nous croyons ne pas exagérer en disant que la moyenne annuelle des nouveaux arrivants est actuellement de 40,000.

Parmi les 25,845 colons débarqués à Rio en 1882 on comptait 10,562 Italiens, en grande partie Tyroliens et Lombards, 9,269 Portugais, 3,738 Espagnols, 1,569 Allemands, 249 Français, 239 Anglais et 219 appartenant à d'autres nationalités. Parmi ces derniers 19 seulement étaient Russes.

Une „Société Centrale d'Immigration" s'est fondée récemment à Rio-de-Janeiro sous la présidence du comte Henri de Beaurepaire-Rohan, général de l'armée brésilienne, ancien ministre de la guerre, et la vice-présidence du major A. d'Escragnolle-Taunay, membre de la Chambre des Députés, tous deux appartenant à des familles brésiliennes d'origine française. Cette société prête un concours utile à l'„Inspection Générale des Terres et de la Colonisation" et s'occupe de toutes les questions concernant le bien-être et la protection des colons ou le développement de la colonisation.

Des colonies formées d'abord sous la tutelle de l'Etat ou des provinces sont devenues bientôt assez prospères et assez fortes pour être émancipées. De ce nombre sont plusieurs villes classées parmi les plus florissantes. Nous ne citerons parmi celles-là que Sam-Leopoldo, dans la province de Rio-Grande du Sud, dont le district compte une population de plus de 60,000 habitants d'origine allemande, les anciennes colonies Blumenau et D. Francisca, dans la province de Ste-Catherine, qui ont donné naissance aux villes de Annabourg, et Joinville, et Petropolis et Nouvelle-Fribourg, dans la province de Rio, résidences d'été des riches habitants de Rio. C'est à Petropolis que la Cour habite pendant l'été.

Quant aux indigènes sauvages, formant une population estimée à plus de 600,000 âmes, le gouvernement s'efforce de les conquérir à la civilisation, aidé en cela par les missionnaires qui les catéchisent et les instruisent. On arrive ainsi à former des villages où ces Indiens, abandonnant la vie nomade, se livrent avec profit aux travaux de l'agriculture.

Aspect général. — Climat.

Le sol du Brésil est généralement très accidenté, surtout dans les régions du centre et du Nord. De larges plateaux et de vastes plaines s'étendent à l'intérieur; d'immenses fleuves, en grande partie navigables, arrosent et fertilisent le territoire.

Le climat est chaud et humide dans la zone intertropicale pendant la saison des pluies. Partout ailleurs il est tempéré et relativement sec. Dans la vallée de l'Amazone, sous l'équateur, la moyenne thermométrique annuelle est de 27°, mais l'élévation du sol, la végétation et les brises de l'Est atténuent beaucoup les inconvénients de la chaleur. Même près de l'équateur on trouve des districts où le climat est doux en été et froid en hiver. Depuis Para jusqu'à la province de St-Paulo, la chaleur est assez forte sur les côtes; mais dès qu'on s'écarte du littoral la température s'abaisse sensiblement sous l'influence des chaînes de montagnes qui longent la côte et de l'élévation du sol. Ainsi à Rio de Janeiro il fait très chaud pendant l'été, mais à peu de distance de la ville, dans les faubourgs situés sur les hauteurs environnantes, on jouit d'un climat délicieux, tempéré en toute saison.

Les provinces de Minas-Geraes, Paraná, Ste-Catherine, Rio Grande du Sud, et celle de St-Paulo, le littoral excepté, offrent un climat comparable à celui du midi de l'Europe.

En dehors des terrains bas et marécageux et des rives de certains cours d'eau, où, à certaines époques de l'année, règnent les fièvres intermittentes, on ne rencontre pas au Brésil ces maladies graves qui déciment ordinairement les grandes populations. Telle était l'opinion de l'auteur « *Du climat et des maladies du Brésil* ». Il considérait cette contrée, qu'il a visitée et où il a séjourné longtemps, comme une des plus saines du globe, et il ajoutait que le Brésil est pour le Nouveau Monde ce qu'est pour l'Ancien Monde une partie de l'Italie.

On se préoccupe beaucoup en Europe de la fièvre jaune quand il est question du Brésil. Cela tient aux exagérations de quelques voyageurs. La fièvre jaune a fait son apparition à Rio de Janeiro en 1850. Depuis lors, et de temps en temps, elle se rencontre dans les grandes villes maritimes de l'Empire, mais elle ne pénètre jamais dans l'intérieur. Il est vrai qu'à Rio, comme à Santos, comme à Bahia et à Pernambuco il y a toujours, en été, un certain nombre de cas de fièvre jaune, mais, toutes proportions gardées, cette maladie ne fait pas plus de victimes dans nos villes maritimes que la fièvre typhoïde à Paris. Ce sont surtout les nouveaux arrivés, s'ils ne prennent pas certaines précautions hygiéniques indispensables lorsqu'on change de climat, qui sont atteints par cette maladie. Aussi le Gouvernement ne permet-il pas, lors de la saison chaude, l'agglomération des immigrants dans les villes maritimes. Les nouveaux arrivants sont expédiés au fur et à mesure dans l'intérieur et conduits dans la colonie qu'ils choisissent.

Montagnes. — Fleuves. — Lacs. — Ports maritimes.

Le système orographique du Brésil se compose de quatre grandes chaînes : au centre la *Serra do Espinhaço* ou *Serra da Mantiqueira*, à l'Est la *Serra do Mar*, qui longe la mer sur une grande étendue des côtes, à l'Ouest la *Serra das Vertentes*, et au Nord, au delà du fleuve des Amazones, les *Serras de Pacarayma, Acaray* et *Tumucuraque*.

La chaîne centrale est la plus importante par son élévation et ses ramifications nombreuses. Le pic d'*Itatiaia*, qui appartient à cette chaîne, est le point le plus élevé du Brésil. Son altitude est d'environ 3.000 mètres.

Le Brésil est arrosé par quatre grands fleuves, savoir: l'*Amazone*, le *Tocantins*, le *Paraná* et le *Sam-Francisco*.

L'*Amazone*, venant du Pérou, a un cours de 3,828 kilomètres sur le territoire brésilien, et reçoit les eaux de plusieurs affluents, dont quelques-uns ont une longueur de plus de 3,300 kilom. Le *Tocantins* et son principal affluent, l'*Araguaya*, ont chacun plus de 2,600 kilom. de cours.

L'*Amazone* et le *Tocantins*, par eux-mêmes et par leurs affluents, servent de voies de communication entre les provinces de Parà, Amazonas et Goyaz, partie des provinces de Maranham et Matto-Grosso, et les républiques de Venezuela, Colombie, Equateur, Pérou et Bolivie. L'Amazone et ses affluents donnent, sur le territoire du Brésil seulement, une longueur de 43,250 kilom. navigables à la vapeur. Quant au Tocantins et à l'Araguaya, plusieurs Compagnies de bateaux à vapeur, subventionnées par l'Etat, ou par les provinces d'Amazonas et de Parà, font la navigation de ces fleuves. Des paquebots anglais de Liverpool font le service entre l'Angleterre et les chefs-lieux de ces deux provinces. Un autre service régulier de bateaux à vapeur français a été inauguré l'année dernière entre le Havre et Parà, qui est le principal débouché pour les produits du riche bassin de l'Amazone.

Le *Parana*, formé par la réunion du *Rio-Grande* et du *Paranahyba*, traverse les provinces brésiliennes de Sam-Paulo Matto-Grosso et Parana, et les provinces argentines de Misiones, Corrientes, Entre-Rios et Santa-Fé. Le *Paraguay* est le plus considérable de ses affluents, et a pour tributaires d'autres cours d'eau également navigables. Les communications entre Matto-Grosso et la capitale de l'Empire se font par bateaux à vapeur à travers le Paraguay, le Parana, et la Plata.

Le *Sam-Francisco* parcourt les provinces de Minas-Geraes, où il prend naissance, et celles de Bahia, Pernambuco, Alagoas et Sergipe. La navigation est interrompue par les chutes de Paulo-Affonso, mais un chemin de fer vient d'être construit pour relier les deux sections navigables de ce fleuve, vers lequel se dirigent les grandes lignes de chemin de fer de Rio-de-Janeiro, Bahia et Pernambuco.

Outre les fleuves qui appartiennent aux quatre grands bassins dont nous venons de parler, plusieurs autres, assez importants, se jettent dans l'Atlantique. Nous citerons le *Gurupy*, *Tury-Assu*, *Itapicuru*, *Parnahyba*, *Jaguaribe*, *Piranhas*, *Parahyba*, *Vasa-Barris*, *Paraguassu*, *Rio de Contas*, *Jequitinhonha*, *Mucury*, *Rio Doce* et *Parahyba do Sul*. Le bassin des lacs *dos Patos* et *Mirim*, dans la province de Rio Grande do Sul, est sillonné par plusieurs grands fleuves qui aboutissent dans ces lacs, notamment le *Jacuhy*, le *Camaquan* et le *Jaguaram*.

Un autre grand fleuve, l'*Uruguay*, qui prend sa source dans la province de Ste-Catherine, sert de limite entre la province de Rio Grande do Sul et la République Argentine, et forme plus loin, avec le Parana, le vaste estuaire de la Plata.

Sur les côtes de l'Atlantique, qui ont un développement de 7,920 kilom., les communications sont assurées par de nombreuses lignes de paquebots à vapeur brésiliens ou étrangers. Toutes les provinces, excepté celles de Minas-Geraes, Goyaz, Amazonas et Matto-Grosso, se trouvent sur le littoral de l'Atlantique, et y possèdent des ports. Les quatre provinces intérieures sont en communication avec la mer par les grandes voies fluviales dont nous venons de parler. Celle de Minas-Geraes est déjà reliée à la côte par des chemins de fer.

Les ports principaux sont ceux de Belem do Para, St-Louis de Maranham, Parnahyba, Recife de Pernambuco, Maceyó, Bahia, Victoria, Rio de Janeiro, Santos, Paranagua, Ste-Catherine et Rio-Grande-do-Sul. Celui de Rio de Janeiro a plus de 198 kilom. de circuit.

Richesses naturelles.

On trouve au Brésil des diamants, émeraudes, saphirs, rubis, topazes, béryls, grenats et des cornalines noires, bleues et vertes, connues sous le nom d'émeraudes du Brésil. On exporte en blocs considérables un cristal de roche d'une grande pureté, ainsi que des améthystes, opales, agates, jaspes et cristaux veinés de quartz jaunes. L'or abonde au Brésil, et plusieurs mines sont en cours d'exploitation. Les plus riches sont celles de la province de Minas-Geraes. On y trouve aussi l'argent, le cuivre, le fer, l'antimoine, le mercure, l'étain, le zinc, le plomb, le bismuth, et l'arsenic.

Le Brésil fournit des granits de différentes couleurs et des marbres, dont les plus remarquables sont les marbres verts et noirs de Rio Grande do Sul. La vaste région de la côte entre 15° et 30° de lat. Sud se compose presque entièrement de roches primitives, telles que granits, gneiss diorites, vertes et noires, quartzites clairs et foncés, porphyres et syénites. Dans l'intérieur on trouve des roches ferrugineuses, des grès purs ou ferrugineux, des calcaires propres à la sculpture et pouvant être polis comme du marbre. La chaux que l'on emploie dans les constructions du littoral est faite presque exclusivement d'écailles d'huîtres. On rencontre le plâtre fibreux dans la province de Minas et dans plusieurs provinces du Nord. Plusieurs variétés d'argile, blanches ou roses, sont employées dans la fabrication de la faïence, des tuiles, des creusets et de la vaisselle ordinaire. Le kaolin, facile à trouver au Brésil, est presque toujours mêlé de quartz.

La houille se trouve dans plusieurs provinces, notamment à Rio Grande do Sul, Ste-Catherine, Parana. Les bassins houillers de Candiota et Arroio-dos-Ratos, dans la première de ces provinces, celui de Tubaram, à Ste-Catherine, sont en exploitation et des chemins de fer ont été construits pour faciliter les transports. Les dépôts de lignites, les gisements de tourbe, les schistes bitumineux, le graphite et le soufre sont abondants.

Parmi les sels les plus abondants, nous citerons le salpêtre, l'alun, le sel gemme, le chlorure de sodium, les sulfates de magnésie et de soude. Des gisements importants de phosphate de chaux ont été découverts récemment dans trois îles du groupe de Fernando-de-Noronha. Ils sont évalués à plus de 1,300,000 tonnes métriques.

Les sources minérales sont nombreuses. Il y a des sources ferrugineuses, alcalines-gazeuses, salines, sulfureuses et des sources thermales.

Les plantes alimentaires les plus importantes sont le café, dont il sera question plus loin en tous détails, la canne à sucre, le maté, ou thé du Paraguay, le maïs, le riz, le blé, le froment, le seigle. Nous citerons seulement, parmi les plantes fruitières, l'ananas, le bananier, le cocotier, le manguier, le marronnier, le prunier, le figuier, le goyaba et l'oranger, ainsi que le pêcher et le poirier. La grande variété des expositions et des climats des divers territoires du Brésil le rendent propre à la culture de presque toutes les plantes du globe. Pour donner une idée de la prodigieuse fertilité du sol, il suffit de dire que le maïs donne en moyenne 200 pour 1 et, dans des terrains choisis, jusqu'à 400 pour 1. Le riz, qui pousse abondamment dans les plaines bien arrosées, produit jusqu'à 1,000 pour 1.

Les plantes textiles sont le lin, les piassabas (*Attalea funifera* et *Leopoldinia*

Piassava), les tucum (*Bactris setosa* et *Astrocaryum tucuman*), le cocotier indien (*Cocus nucifera*), l'*Acrocomia sclerocarpa*, le *Lecythis speciosa*, le *Platonia insignis*, le *Fourcroya gigantea*, l'*Agave Americana* et l'*Agave Mexicana*, l'*Urena lobata*, et un très grand nombre d'autres plantes qui permettent de fabriquer depuis les cordages les plus grossiers jusqu'aux tissus de la plus extrême finesse. Le coton est cultivé dans toutes les provinces du Nord et même dans quelques-unes du centre.

On compte plusieurs espèces de plantes oléagineuses inconnues en Europe.

L'exportation de la gomme copale, du caoutchouc et des résines constitue pour le pays une source importante de richesse. Le commerce du caoutchouc seulement donne à l'Etat un revenu de plus de quatre millions de roubles par an.

Le Brésil produit la muscade, la vanille, le camphre, le clou de girofle, la cannelle et un grand nombre d'autres plantes aromatiques.

Parmi les plus belles espèces de bois propres aux travaux de charpente, de menuiserie, d'ébénisterie de luxe et aux constructions navales, nous citerons le bois de fer, le bois jaune du Brésil, le bois satin, le cèdre rouge ou blanc et le palissandre à diverses nuances.

Dans cette nomenclature des végétaux utiles, le carnauba (*copernicia cerifera*), qui fournit si largement aux besoins industriels et alimentaires de l'homme, mérite une mention spéciale. Il pousse sans culture dans toutes les provinces du Nord.

Le bœuf, le mouton et le cheval se multiplient presque sans soins d'élevage. Le nombre de têtes de bétail est évalué à plus de 30,000,000, représentant un capital d'au moins 240,000,000 de roubles.

On trouve en outre au Brésil le cerf, le sanglier, le tatou, l'agouti, le tapir, le paca, la loutre et un grand nombre d'autres animaux utiles.

Le Brésil compte les espèces d'oiseaux les plus belles et les plus variées. Nommons seulement le pélican brésilien, le cycnus nigricolis, la bécassine, l'emma, la perdrix, la caille, le pigeon, le perroquet et l'ara.

Les reptiles sont également nombreux. Les plus remarquables sont le serpent à sonnettes, le giboïa, le caméléon, le jacaré et enfin la tortue, dont la chair fournit une nourriture excellente, et qui donne lieu, dans la province de l'Amazonas, à un commerce important de beurre de tortue.

Les variétés de poissons sont innombrables : le professeur Agassiz, à lui seul, en a collectionné des milliers dans la seule vallée de l'Amazone. Une espèce, le pirarucu, forme la principale nourriture de la plupart des habitants des provinces de l'Amazonas et de Parà.

Instruction Publique. — Etablissements scientifiques. — Bibliothèques. — Sociétés littéraires, scientifiques, industrielles et agricoles. — Presse.

L'enseignement public est gratuit. Les chiffres suivants donneront une idée de l'accroissement du nombre des écoles primaires publiques et du nombre des élèves qui les fréquentent depuis 1857:

1857.	2,595 écoles primaires publiques	70,124 élèves.
1866.	4,435 „	107,483 „
1872.	4,653 „	155,058 „
1878.	5,661 „	175,714 „
1881.	5,785 „	188,843 „

Outre les écoles primaires gratuites, entretenues par les gouvernements provinciaux dans chaque province ou par l'Etat dans le municipe de la capitale de l'Empire, il existe des lycées pour l'enseignement secondaire, et de nombreuses institutions privées, tant pour l'enseignement primaire que pour les études préparatoires aux écoles supérieures.

Parmi les établissements d'enseignement supérieur ou professionnel, nous citerons les Facultés de Médecine de Rio et de Bahia, les Facultés de Droit de Sam-Paulo et de Recife, l'École Polytechnique, les Écoles Militaires, l'École de Marine, l'École des Mines, l'École Normale, l'Académie des Beaux-Arts, le Conservatoire de Musique, l'Institution Commerciale, le Lycée des Arts-et-Métiers, les Séminaires, l'Institut Impérial des Jeunes Aveugles, l'Institut des Sourds-Muets, les Instituts Agricoles etc.

Les principaux établissement scientifiques, musées ou bibliothèques sont:

A Rio-de-Janeiro, l'Observatoire Impérial Astronomique, le Musée National, la Bibliothèque Nationale (environ 140,000 volumes), les Bibliothèques de la Faculté de Médecine, de l'Institut Historique et Géographique, de l'École Polytechnique, de l'Académie des Beaux-Arts, de l'École Militaire, de la Direction Générale de Statistique, de l'Armée, de la Marine, les Bibliothèques Fluminense et Municipale, celles du Cabinet Portugais de Lecture, du Monastère de St-Benoît et des couvents de St-Antoine et des Carmes, les Musées de l'Armée et de la Marine, et le Musée Pédagogique.

A Parà, Fortaleza, Maceyó et Ouro-Preto il y a des musées dignes de mention.

Toutes les capitales des provinces et les villes principales possèdent des bibliothèques plus ou moins importantes.

L'Observatoire Astronomique, le Musée National, la Bibliothèque Nationale et l'École des Mines publient des *Annales* scientifiques connues et appréciées par les savants européens.

Nous mentionnerons, parmi les sociétés scientifiques, littéraires ou industrielles dont le siège se trouve à Rio: l'Institut Historique, Géographique et Ethnographique du Brésil, qui se réunit tous les quinze jours au Palais Impérial, et dont les séances sont toujours honorées de la présence de l'Empereur (sa *Revue* forme déjà 47 gros volumes); l'Académie Impériale de Médecine (Annales); l'Institut Polytechnique Brésilien, présidé par S. A. R. Monseigneur le Comte d'Eu (Revue); la Société de Géographie de Rio-de-Janeiro; l'Institut de l'Ordre des Avocats; l'Institut Brésilien des sciences physiques; la Société Vellosiana (sciences naturelles et histoire des aborigènes); l'Institut des Directeurs et Professeurs; la Ligue de l'Enseignement au Brésil; la Société Impériale Amante de l'Instruction; la Société Auxiliatrice de l'Industrie Nationale (Revue); la Société Propagatrice des Beaux-Arts; la Société Auxiliatrice des Arts Mécaniques et Libéraux; la Société Brésilienne d'Acclimatation, l'Association Horticole et Agricole (président, S. A. R. le Comte d'Eu); le Cercle de l'Agriculture et du Commerce (Centro da Lavoura e do Commercio); la Société Centrale d'Immigration.

Dans les provinces nous citerons les Instituts Historiques et Géographiques de Bahia et de Rio Grande do Sul, les Instituts Archéologiques de Pernambuco et de Alagoas, la Société Propagatrice de l'Instruction Publique de Pernambuco, qui a fondé à Recife une école normale.

La presse est représentée par de nombreux journaux dans toutes les parties de l'Empire et surtout dans la capitale, les chefs-lieux de province et les grandes villes. On compte à Rio-de-Janeiro plus de 40 journaux, dont 3 rédigés en anglais, deux en français, un en allemand, un en italien. Les plus importants sont le *Diario Official*, le *Jornal do Commercio*, la *Gazeta de Noticias*, la *Gazeta da Tarde*, le *Diario do Brazil*, la *Folha Nova* et le *Brazil*. Quelques-uns d'entre eux, quant au format et au nombre des pages, ne peuvent être comparés qu'aux plus grandes feuilles politiques et commerciales de l'Angleterre ou des Etats-Unis. Les plus grands journaux du Brésil sont le *Jornal do Commercio*, de Rio-de-Janeiro, et le *Diario de Pernambuco*, de Recife. Le premier a $0^m,71$ de hauteur et $0^m,63$ de largeur. Le nombre des pages varie entre 6 et 16. Les caractères employés sont du corps VII. Le journal qui a le plus fort tirage est la *Gazeta de Noticias* de Rio.

Etablissements de charité. — Assistance publique. — Maisons de correction. — Colonies pénitentiaires et disciplinaires.

Les établissements et les associations de charité sont très nombreux au Brésil. Quelques-uns des hôpitaux, notamment ceux de la Misericordia et l'Hospice Dom Pedro II, à Rio-de-Janeiro, sont de véritables palais. Ils ne sont surpassés par aucun autre établissement du même genre dans les principales villes du monde. La Misericordia possède un patrimoine dont la valeur dépasse 20,000,000 de roubles. Outre ces deux grands hôpitaux nous citerons, à Rio, ceux des confréries de St-François de la Pénitence, du Carme et de St-François de Paule et celui de la Société Portugaise de Bienfaisance. L'Assistance publique compte aussi, dans la capitale, un Asile des Enfants-Trouvés, un Asile d'Orphelines et un Asile de Mendiants.

Les matelots des navires marchands de toutes nationalités sont traités gratuitement dans les hôpitaux de la Misericordia.

Les provinces possèdent des établissements semblables à ceux de la capitale.

Le nombre des Sociétés de charité, de bienfaisance et de secours mutuels est très considérable.

Dans la capitale de l'Empire et dans les chefs-lieux des provinces il existe des maisons de correction ou de détention destinées aux condamnés ou à ceux dont le procès est en cours d'instruction. La première, par ordre d'importance, est celle de Rio-de-Janeiro, régie selon le système d'Auburn, et pouvant recevoir 800 condamnés. Viennent ensuite celles de St-Paulo, de Recife et de Bahia. Nous citerons encore la colonie pénitentiaire de l'île Fernando-de-Noronha, et les sept colonies disciplinaires-militaires situées sur les rives du Tocantins et de l'Araguaya.

Finances.

La recette publique comprend :

1° *Les recettes municipales*, qui sont le produit d'impôts décrétés, en ce qui concerne le district de la capitale de l'Empire par le Parlement et le gouvernement central, et dans les provinces par les assemblées législatives provinciales, sur la proposition des municipalités.

2° *Les recettes provinciales*, établies par ces mêmes assemblées provinciales, avec la sanction des présidents, ou gouverneurs.

3° Les recettes générales de l'Empire, résultant des impôts votés par la Chambre des Députés et le Sénat, et sanctionnés par l'Empereur.

Les recettes générales de l'Empire pour l'année financière 1831-1832, la première du règne actuel, ont été de 11,171,520 milreis [1]). Pour l'année 1840-1841, la première après la majorité de l'Empereur, elles ont monté à 16,310,571 milreis.

Depuis ce temps les recettes ont continué à suivre rapidement une marche ascendante, comme on le voit par les chiffres suivants :

1862-1863	48,342,182 milreis
1872-1873	109,180,063 „
1882-1883	127,972,047 „

---

[1]) Le milreis (1000 reis) du Brésil équivaut, d'après le change actuel, à 1 rouble papier, à peu près. Au pair 1000 reis valent 27 pence ou 2 francs 81 centimes.

BUDGET POUR L'ANNÉE 1883-1884 ').

Recettes.		milreis.
Douanes		93,709,800
Droits de navigation (phares et docks)		400,000
Recettes intérieures :		
Chemins de fer	13,140,000	
Télégraphes . .	900,000	
Postes.	1,500,000	
Timbre	5,000,000	
Impôt foncier .	3,500,000	35,395,600
Droits d'industrie et de professions. . . .	3,400,000	
Droits de transmission de la propriété. . .	4,000,000	
Droits divers. .	5,955,600	
Recettes extraordinaires. .		1,410,000
Recettes spéciales		1,200,000
Total des recettes :		132,115,400

Dépenses.	milreis.
Ministère de l'Empire. . .	9,777,309
„ de la Justice. .	7,278,461
„ des Affaires Etrangères. . .	822,907
„ de la Marine. .	11,202,960
„ de la Guerre. .	14,657,212
„ de l'Agriculture, Commerce et Travaux publics	25,502,106
„ des Finances . .	60,944,105
Total des dépenses	130,185,060

DETTE PUBLIQUE ET ACTIF DE L'ÉTAT.

Dette publique :

1) Dette extérieure (£ 19,036,500). . . . . 169,215,448 milreis

2) Dette intérieure :

Dette consolidée	105,639,400 milreis	
„ antérieure à 1827	313,965 „	
Dépôts, Fonds des Orphelins, etc.	53,076,273 „	693,722,229 „
Bons du Trésor	16,651,504 „	
Papier-Monnaie (billets du gouvernement)	188,041,087 „	
	693,722,229	

Total 862,937,677 milreis

') Proposition et Rapport, présentés au Parlement, en mai 1883, par le Ministre des Finances.

Remarquons ici que, sans la guerre du Paraguay, qui a duré cinq ans et a coûté au Brésil 630,000,000 de milreis, la dette publique ne monterait guère au-delà de 200,000,000 de milreis.

L'actif de l'État consistait, au 31 mars 1883, en outre des contributions arriérées (13,407,843 milreis) en une dette de la république de l'Uruguay, d'une valeur totale de 16,201,799 de milreis, et une dette du Paraguay montant à 241,556 milreis. D'autre part le Paraguay s'est engagé à indemniser le Brésil des dépenses de la guerre.

Forces militaires. — Arsenaux. — Colonies militaires.

La force publique se compose de l'armée, de la marine militaire, de la gendarmerie et de la garde nationale.

Les armées de terre et de mer se recrutent par voie d'engagements volontaires et de tirage au sort. Dans les circonstances extraordinaires, si des complications menaçantes viennent à se produire, le gouvernement est autorisé à porter l'effectif de l'armée au chiffre de 32,000 hommes. En cas de guerre déclarée ce chiffre peut être augmenté selon les besoins, comme cela est arrivé lors de la dernière guerre (1864-1870), où le Brésil a eu pendant quelque temps sous les armes jusqu'à 80,000 hommes formant les corps d'armée qui opéraient dans le Sud du Paraguay et à Matto-Grosso, les divisions qui gardaient les frontières de Rio-Grande do Sul, et les garnisons de l'intérieur.

Voici comment se décompose l'effectif normal du temps de paix pour *l'Armée :*

Généraux		29
État-major du génie	56	
„ de 1ᵉ *classe*	72	
„ de 2ᵉ „	65	451
Aumôniers	79	
Corps de Santé	179	
Bataillon du génie		800
Artillerie État-major	42	
3 régiments à cheval (1 à 6 batteries et 2 à 4 batteries)	1,274	2,624
4 bataillons à pied (6 batteries chacun)	1,308	
A reporter		3,904

		Report . . . 3,904
Cavalerie	5 régiments à 8 compagnies . . . . . 1,998 2 corps de chasseurs à cheval à 4 compagnies 418 1 escadron et 5 compagnies de garnison . 344	 2,760
Infanterie	21 bataillons à 8 compagnies . . . . . 8,127 8 compagnies de garnison 497	 8,624

15,288 hommes

La *Gendarmerie* a un effectif de 10,792 fantassins ou cavaliers.

La *Garde Nationale* en 1881 se composait de 945,660 hommes, — infanterie, cavalerie et artillerie, — dont 691,384 formaient la garde nationale active et 254,276 la réserve. Une loi de 1873 a aboli, en dehors des provinces frontières, le service de garnison et de police pesant la garde nationale, laquelle, d'ailleurs, n'a été instituée que pour la défense de l'Etat et le maintien de l'ordre public dans des circonstances extraordinaires. Le gouvernement réorganise soigneusement aujourd'hui cette milice, qui a rendu de grands services dans toutes les guerres que le Brésil a dû soutenir à la Plata ou au Paraguay depuis le commencement du siècle. En temps de guerre, c'est la garde nationale qui fournit presque toute la belle cavalerie des armées brésiliennes qui opèrent devant l'ennemi.

La *Flotte* se compose de 58 navires, dont 14 cuirassés; les autres sont une frégate, des corvettes et des canonnières. Il y a en outre un certain nombre de torpilleurs. La flotte de combat destinée à la haute mer est formée de 10 cuirassés, 1 frégate, 7 corvettes, 15 canonnières, 2 transports, 8 torpilleurs et 1 brick. Dans ces chiffres sont compris deux grands cuirassés en construction à Londres, le *Riachuelo* et l'*Aquidaban*, dont le premier sera terminé et prêt à partir pour le Brésil au mois de juillet prochain. Après ces deux cuirassés viennent, par ordre d'importance, le *Solimões*, le *Javary* et le *Sete de Setembro*. Dans les fleuves Uruguay, Paraguay, Amazone, et dans les lacs Mirim et dos Patos le Brésil possède des flottilles composées de petits bateaux à vapeur, parmi lesquels quelques-uns des cuirassés qui ont servi pendant la guerre contre le dictateur du Paraguay. Le nombre des canons de la flotte est de 200 environ.

Le personnel de la marine se compose de:

Généraux (1 amiral, 2 vice-amiraux, 4 chefs
d'escadre et 8 chefs de division) 15
Officiers de 1ᵉ classe. 384
„ du corps sanitaire 79
„ de comptabilité 95
Gardiens 92
Mécaniciens. 188
Corps des „Marins Impériaux". 3,000
Bataillon Naval 600
Marins Apprentis 1,500
Artisans et Militaires Apprentis 173
Elèves de l'École de Marine 57
„ du Collège Naval 86

6,269 hommes

Récapitulation:

Armée régulière (effectif du temps de paix) . 15,288
Gendarmerie 10,792
Garde-Nationale. . { active 691,384
{ réserve 254,276

971,730 hommes
Marine 6,269

Total . . . 977,999 hommes.

Il y a des arsenaux de marine à Rio-de-Janeiro, Bahia, Pernambuco, Maranham et Matto-Grosso. C'est dans ces arsenaux, surtout dans celui de Rio-de-Janeiro, qu'ont été construits presque tous les navires de la flotte brésilienne, y compris les cuirassés. Pendant la guerre du Paraguay l'arsenal de Rio a déployé une activité admirable. Au mois d'août 1867 l'amiral de l'escadre en opérations a demandé, pour forcer le passage d'Humaïta, six monitors. En six mois ils ont été construits, et l'opération du passage avait lieu le 19 février suivant.

Les arsenaux de guerre sont au nombre de six, à Rio-de-Janeiro, Para, Pernambuco, Bahia, Rio Grande do Sul et Mato-Grosso. A Rio et dans les provinces qui ont un arsenal, il y a des laboratoires pyrotechniques. A Estrella (province de Rio-de-Janeiro) et à Coxipó (Matto-Grosso) il y a des poudreries militaires. Celle d'Estrella a souvent produit par an plus de 160,000 kilogr. de poudre. A Ypanema, province de St-Paulo, le ministère des Travaux Publics possède une usine métallurgique qui fournit toute sorte de projectiles, des canons en fer et en acier, des armes blanches et les pièces de métal fondu et forgé nécessaires aux arsenaux, outre le matériel pour les chemins de fer et les ateliers de l'Etat.

Pour l'instruction militaire, le Brésil possède le Collège Naval et l'École de Marine, les Écoles Militaires de Rio-de-Janeiro et de Porto-Alegre, auxquelles sont annexés des cours préparatoires, l'École Générale de Tir, à Campo-Grande, les Écoles Régimentaires et les Dépôts d'Élèves Artilleurs et Élèves Marins. Nous avons déjà cité les Bibliothèques de l'Armée et de la Marine à Rio-de-Janeiro. Ajoutons que d'autres bibliothèques existent dans les provinces pour l'usage des garnisons.

On publie à Rio une *Revue de l'Armée* et une *Revue Maritime* rédigées par les officiers.

Il y a dans la rade de Rio un Asile des Invalides de la Patrie, pour les officiers et soldats de l'armée de terre, et un Asile des Invalides de la Marine.

S. A. R. le Prince Gaston d'Orléans, Comte d'Eu, a le rang de maréchal et avait le commandement en chef de l'armée impériale lors des dernières victoires qui ont mis fin à la guerre du Paraguay. Il est aujourd'hui commandant général de l'artillerie.

Les grands centres de garnison au Brésil sont Rio-de-Janeiro et les provinces frontières de Rio Grande do Sul et de Matto-Grosso. Une vingtaine de colonies militaires, outre les colonies disciplinaires dont nous avons déjà parlé, ont été fondées dans le voisinage des frontières et dans l'intérieur. Elles sont destinées à servir de centres de population dans des contrées jusqu'ici inhabitées.

Postes. — Télégraphes. — Téléphones. — Tramways. — Chemins de fer. — Routes. — Canaux. — Lignes de navigation. — Docks et bassins. — Phares.

Postes. — Le Brésil fait partie de l'Union Postale Universelle. La Direction Générale des Postes dépend du Ministère de l'Agriculture, du Commerce et des Travaux Publics.

Nombre des bureaux de poste et des lettres expédiées :

Année 1880 : 1,461 bureaux de poste, — 29,798,600 lettres expédiées.
    „   1882 : 1,610   „   „   „   — 35,845,869   „   „

Télégraphes. — L'Empire se trouve relié à l'Europe par un câble sous-marin. D'autres câbles relient les villes principales de la côte depuis Para jusqu'à Rio-Grande-du-Sud, avec prolongement jusqu'à La Plata. Les lignes télégraphiques terrestres appartiennent aux chemins de fer qu'elles desservent ou à l'Etat. Les lignes de l'Etat avaient la longueur suivante dans les années 1873, 1876 et 1882 :

Année 1873, longueur des lignes 3,469 kil.; longueur des fils 5,180 kil.; bureaux   64
„ 1876   „   „   „ 5,151 „   „   „   „ 8,523 „   „   87
„ 1882   „   „   „ 7,420 „   „   „   „ 13,250 „   „   136

En ajoutant aux 7,420 kilom. des lignes de l'Etat 5,000 kilom. des lignes appartenant aux chemins de fer, on trouve que le Brésil possède aujourd'hui plus de 12,000 kilom. de lignes télégraphiques terrestres. Les difficultés pour établir ces lignes et les maintenir ont été et demeurent très grandes, parce qu'elles traversent en grande partie des forêts vierges et des régions inhabitées.

La Direction Générale des Télégraphes dépend du Département de l'Agriculture, du Commerce et des Travaux Publics.

Téléphones. — Des lignes téléphoniques ont été établies récemment à Rio de Janeiro, à Petropolis et dans les principales villes de commerce. Dans la capitale de l'Empire, outre les établissements publics et les maisons de commerce, les hôtels, les restaurants, les théâtres et un nombre très considérable de maisons particulières sont reliés par le téléphone, même dans les faubourgs les plus éloignés et sur les montagnes environnantes.

Tramways. — Toutes les villes importantes du Brésil ont des lignes de tramways plus ou moins nombreuses, selon les besoins de la population. Les tramways ont remplacé et fait disparaître entièrement les anciens omnibus.

Chemins de fer. — La construction des chemins de fer est poussée avec une très grande activité depuis 1871. En 1867 l'Empire ne comptait que 601 kilomètres de voies ferrées. Au commencement de 1883 l'étendue totale des chemins de fer était:

Chemins de fer en exploitation	4,865 kilom.
„ en construction	2,489 „
	7,354 kilom.

Au moment où nous écrivons (mai 1884) le Brésil possède certainement plus de 5,000 kilomètres de chemins de fer en exploitation. Quelques unes de ces lignes ont été construites par des compagnies étrangères, mais la plupart sont l'œuvre de compagnies et d'ingénieurs brésiliens. Ainsi la province de S. Paulo possède aujourd'hui tout un réseau de chemins de fer, et il n'y a que la ligne centrale, celle de Santos à Jundiahy, qui ait été établie par une compagnie étrangère. Toutes les autres ont été construites avec des capitaux brésiliens et par des ingénieurs du pays.

Routes. — Bien que le réseau des routes ne soit pas encore aussi développé que le comporte un aussi vaste territoire, les communications sont assurées déjà, pour les régions les plus importantes, par de larges voies bien entretenues, dont quelques unes sont comparables aux meilleures routes nationales de l'Europe. Parmi celles-là nous pouvons citer la magnifique route de Pétropolis à Juiz de Fóra.

Canaux. — Le Brésil compte peu de canaux. Le système fluvial, les routes et les chemins de fer rendent à peu près inutiles les travaux de canalisation. Tous les canaux existants sont de simple intérêt local, comme ceux de Campos et Macahé, de Cacimbas, de Magé et d'Itaguahy, dans la province de Rio-de-Janeiro; Varadouro, dans celle de St-Paulo; Coqueiros, Arapapahy et Mearim, dans la province de Maranham; Paxim, dans la province de Sergipe, et Ceará-Mirim et Trahyry, dans la province de Rio-Grande-do-Norte.

Lignes de Navigation sur le littoral et sur les fleuves. — La navigation du littoral compte 28 lignes de paquebots à vapeur appartenant à des compagnies pour la plupart nationales. Elles reçoivent de l'Etat des subventions montant ensemble à la somme annuelle de 7,700,000 roubles. Sur presque tous les grands fleuves dont les rives sont peuplées, et sur les lacs Dos Patos, Mirim et Mangaba, on rencontre des lignes de bateaux à vapeur dont plusieurs sont subventionnées par l'Etat ou par les provinces.

En ce qui concerne les communications avec l'étranger, il y a des lignes de paquebots à vapeur entre le Brésil et Londres, Southampton, Liverpool, Bordeaux, Le Havre, Marseille, Lisbonne, Barcelone, Gênes, Naples, Anvers, Hambourg, Brême, les Etats-Unis, le Canada, les républiques de l'Uruguay, Argentine, du Paraguay, du Chili et du Pérou, St-Vincent et Dakar, en Afrique, et la Nouvelle-Zélande. Ces paquebots font escale à Santos, Rio-de-Janeiro, Victoria, Bahia, Maceyò, Pernambuco; Ceará, Maranham, Parà, Serpa, Manàos, ces trois derniers ports dans le bassin de l'Amazone.

Il est à désirer qu'un service régulier de bateaux à vapeur relie bientôt les deux Empires de la Russie et du Brésil. Le commerce des deux pays, en établissant des relations directes, et en supprimant des intermédiaires inutiles, réalisera certainement d'immenses bénéfices.

Docks et bassins. — Plusieurs concessions de docks ont été accordées par le Gouvernement. Les docks de Rio-de-Janeiro, déjà en service, sont très connus du commerce étranger. Citons encore les magnifiques bassins de la marine de guerre à Rio-de-Janeiro, taillés dans le roc à l'île das Cobras, en face de l'arsenal.

Phares. — Le système des phares n'est pas encore complet, mais le Gouvernement augmente leur nombre de jour en jour, et il en existe déjà aux abords de tous les ports fréquentés et sur les points où la navigation offre quelque danger. Tout récemment, le 2 décembre 1883, on a inauguré la lumière électrique pour l'éclairage du beau phare de l'île Rasa, très connu des navigateurs, et qui signale l'entrée du port de Rio-de-Janeiro.

Mouvement maritime.

Les chiffres suivants indiquent le mouvement de la navigation au Brésil dans les dernières années sur lesquelles nous avons pu trouver des données exactes:

ANNÉES.		NAVIRES ENTRÉS.		NAVIRES SORTIS.	
		Nombre de Navires.	Tonnage.	Nombre de Navires.	Tonnage.
1879	Long Cours.	3,368	2,414,985	3.087	2,368,554
	Cabotage	5,946	1,829,752	5,746	1,176,006
		9,314	4,244,737	8,833	3,544,560
1880	Long Cours.	3,380	2,397,526	2,897	2,046,579
	Cabotage	6,760	1,953,489	6,536	2,178,499
		10,140	4,351,015	9,433	4,225,078

Voici maintenant le mouvement du port de Rio-de-Janeiro dans les deux dernières années:

ANNÉES.		NAVIRES ENTRÉS.		NAVIRES SORTIS.	
		Nombre de Navires.	Tonnage.	Nombre de Navires.	Tonnage.
1882	Long Cours.	1,288	1,197,671	1,164	1,140,439
	Cabotage	1,439	400,130	1,642	535,558
		2,727	1,597,801	2,806	1,675,997
1883	Long Cours.	1,218	1,220,332	1,067	1,207,821
	Cabotage	1,414	454,789	1,588	540,891
		2,632	1,675,071	2,655	1,748,712

Dans le mouvement du port de Rio en 1883 on compte seulement 5 navires de nationalité russe, 2 à l'entrée, 3 à la sortie. Sur 1218 navires entrés 1 seul était en provenance de la Finlande; sur 1067 navires sortis un seul était à destination de la Finlande. Ainsi, à l'heure qu'il est, les relations directes entre les deux vastes Empires de la Russie et du Brésil n'existent pas ou presque pas. Tout le commerce, tous les échanges se font encore par la voie indirecte des ports de l'Allemagne et de l'Angleterre!

Commerce.

Nous avons déjà dit que les ports du Brésil ont été ouverts au commerce de toutes les nations dès l'année 1808, lors de l'arrivée de la Famille Royale de Bragance. Jusque-là le commerce se faisait par l'intermédiaire des ports du Portugal, et le montant de l'importation et de l'exportation réunies n'atteignait qu'au chiffre de 22,600,000 milreis (ou roubles papier).

Depuis 1808 les échanges se sont développés rapidement, et aujourd'hui la valeur annuelle du commerce maritime dépasse 500,000,000 de milreis.

Les tableaux statistiques du Ministère des Finances à Rio-de-Janeiro montrent que depuis 1839 le commerce maritime extérieur et interprovincial s'accroit au Brésil suivant une moyenne annuelle de 20,67%. La France, qui est, en Europe, le pays où le commerce se développe dans la plus forte proportion, n'atteint qu'une moyenne de 10,2%.

Voici le montant du commerce du Brésil, y compris les métaux précieux, et indépendamment du commerce de transit:

Commerce extérieur:

	IMPORTATION	EXPORTATION	TOTAL
1870—71	137,264,000 milreis	166,949,400 milreis	304,213,400 milreis
1871—72	158,318,000 „	193,418,900 „	351,736,900 „
1872—73	156,730,600 „	215,893,100 „	372,623,700 „
1879—80	172,744,300 „	221,928,800 „	394,673,100 „
1880—81	180,458,700 „	233,567,700 „	414,026,400 „
1881—82	184,113,300 „	216,709,800 „	400,823,100 „

Commerce interprovincial:

	IMPORTATION	EXPORTATION	TOTAL
1879—80	105,149,500 milreis	75,563,300 milreis	180,712,800 milreis
1880—81	78,953,300 „	76,890,300 „	155,843,600 „
1881—82	91,428,300 „	83,471,100 „	174,899,400 „

Ainsi, en résumé, la valeur totale du commerce maritime, tant extérieur qu'interprovincial, non compris le commerce de transit, s'est élevée dans les dernières années à:

	IMPORTATION	EXPORTATION	TOTAL
1879—80	277,893,800 milreis	297,492,100 milreis	575,385,900 milreis
1880—81	259,412,000 „	310,458,000 „	569,870,000 „
1881—82	275,541,600 „	300,180,900 „	575,722,500 „

Dans l'ensemble du commerce maritime extérieur les différents pays ont contribué dans la proportion suivante:

	IMPORTATION	EXPORTATION	TOTAL RÉDUIT
1. Grande-Bretagne	51,47%	45,30%	48,38%
2. France	19,49	13,46	16,48
3. États-Unis	4,67	20,90	12,78
4. États de la Plata	9,13	4,75	6,94
5. Portugal	5,01	4,73	4,87
6. Allemagne et Autriche	5,21	3,43	4,32
7. Espagne	1,49	1,41	1,45
8. Russie, Suède et Norvège	0,33	2,44	1,39
9. Belgique	1,51	0,64	1,07
10. Italie	0,44	0,81	0,63
11. Chili et autres États du Pacifique	0,49	0,71	0,60
12. Danemark	0,19	0,88	0,53
13. Hollande	0,15	0,03	0,09
14. Autres pays	0,42	0,51	0,47
	100,00	100,00	100,00

Principaux articles d'importation au Brésil: — tissus en coton, laine, lin et soie; vins, liqueurs, bière, farine de blé, riz, saindoux, huile d'olives, morue, beurre, fromage, sel, épices, thé, conserves, légumes et fruits de l'Europe, charbon minéral, fer et métaux industriels, rails et matériel pour les chemins de fer et la navigation à vapeur, machines agricoles et industrielles, outils en fer, armes à feu, pétrole, pin, goudron, ciment, bougies, toile à sacs, faïence, porcelaine et cristaux, glaces, meubles et tapisserie, pianos et instruments de musique, papier, livres, produits chimiques, médicaments, eaux minérales, chaussures, chapeaux, or monnayé, quincaillerie, coutellerie, horlogerie, joaillerie, parfumerie, passementerie, vêtements, modes et articles de Paris.

Le grand commerce d'importation est fait par des négociants brésiliens ou étrangers. Parmi ces derniers figurent en première ligne les Anglais et les Portugais. Viennent ensuite les Allemands, les Français et les Italiens.

Principaux articles d'exportation: — café, sucre, cacao, farine de manioc, tapioca, maté (thé du Paraguay), noix du Para, viandes salées, eau-de-vie de canne à sucre, mélasse, ipecacuanha, urucu, caoutchouc, coton brut, tabac, palissandre et autres bois, cuirs, peaux, poils, crins, laines, cornes, graisses, or, diamants et autres pierres précieuses.

Le tableau suivant donne la quantité et la valeur des principaux articles d'exportation du Brésil dans l'année 1839-40, et dans les trois dernières années pour lesquelles nous avons pu nous procurer les chiffres officiels, celles de 1879-80, 1880-81 et 1881-82. On pourra voir ainsi combien la production a augmenté depuis 1840.

EXPORTATIONS DU BRÉSIL.	QUANTITÉ.				VALEUR (MILREIS.)			
	1839-40.	1879-80.	1880-81.	1881-82.	1839-40.	1879-80.	1880-81.	1881-82.
Café. . . . . (kilogr.)	83,037,374	157,036,317	219,569,022	244,888,012	20,176,363	126,259,900	126,134,000	104,752,700
Sucre . . . . »	81,452,317	216,461,155	161,258,898	246,769,276	10,887,444	31,353,700	25,935,100	36,445,900
Caoutchouc. . . . . »	417,862	6,880,482	6,722,638	6,840,210	257,590	12,242,500	11,855,700	12,005,400
Coton brut. . . . . »	10,260,394	11,356,264	12,719,261	21,916,228	3,984,425	5,186,700	5,114,600	9,662,300
Cuirs, peaux . . . . »	8,862,517	25,263,685	21,537,201	20,245,102	3,017,897	8,979,900	8,269,500	7,894,100
Tabac . . . . »	4,350,714	22,539,572	19,900,188	23,646,845	657,443	7,660,800	7,553,600	7,912,300
Mate (Thé du Paraguay) . . . . . . »	2,549,393	14,063,731	14,275,036	15,952,872	226,778	2,521,900	2,702,100	2,697,800
Noix du Para. . . . . »	—	6,738,580	5,698,505	4,985,200	—	1,473,800	1,112,700	1,052,000
Diamants . . . . (grammes)	2,275	13,546	19,519	11,646	186,800	1,007,100	1,307,500	861,200
Cacao . . . . (kilogr.)	2,958,360	1,589,954	1,122,649	1,969,789	40,274	1,002,500	704,600	985,000
Farine de Manioc . . . . »	1,088,790	4,158,659	2,473,592	3,127,614	137,408	335,000	267,000	107,600
Eau-de-vie de canne . . . . (litres)	6,086,697	3,308,328	2,704,934	2,120,931	629,775	336,500	309,400	281,200
Laine . . . . (kilogr.)	166,344	420,144	327,269	345,800	23,352	138,800	142,500	151,200
Crins . . . . »		478,429	416,773	458,450		309,500	275,800	334,100
Produits divers.	. . . . . .	. . . . . .	. . . . . .	. . . . . .	2,598,471	23,160,200	41,853,600	31,567,000
Total	. . . . . .	. . . . . .	. . . . . .	. . . . . .	42,824,020	221,948,800	233,567,700	216,709,800

Industrie.

Bien que le Brésil ne soit pas encore, à proprement parler, un pays industriel, il fait sous ce rapport de grands progrès, et il est très en avance sur les autres Etats de l'Amérique du Sud. Il existe dans la capitale de l'Empire et dans les provinces d'importantes fabriques, dont un grand nombre sont pourvues de machines à vapeur, et qui occupent un personnel très nombreux. Quelques-unes, par l'importance de leur outillage et la perfection de leurs produits, rivalisent avec celles des nations les plus avancées, comme le prouvent les nombreuses récompenses qu'elles ont obtenues aux expositions internationales. L'Etat, à différentes reprises, a subventionné des manufactures d'une importance hors ligne et a toujours encouragé les entreprises utiles.

A l'intérieur du pays on produit sur une grande échelle le sucre, l'eau-de-vie de canne, les liqueurs de café, cacao et autres, le vinaigre, la bière, le vin de cajù et autres fruits, et, dans les provinces du Sud, le vin de raisin; les farines de manioc, de maïs et de blé, le tapioca et autres fécules, le thé, le maté (thé du Paraguay), le guarana, les huiles à manger et à brûler, le beurre, les fromages, les confitures, le chocolat, les viandes en saumure et séchées, l'extrait de viande et les bouillons concentrés, le poisson sec et en saumure, le tabac en rouleau, cigares et cigarettes, le savon, les chandelles de suif, de cire ou de carnauba (copernicia cerifera), le caoutchouc, la colle, les cuirs secs et tannés, les tissus communs pour la confection des sacs à café et à sucre, les tissus fins pour vêtements, les cordes, l'étoupe, la poterie destinée aux usages domestiques.

Il existe en outre, dans la capitale de l'Empire et dans celles des provinces, un grand nombre de fabriques et d'ateliers destinés à manufacturer des articles de consommation qui antérieurement ne venaient que de l'étranger. Telles sont à Rio de Janeiro les fabriques de produits chimiques, de glaces, d'instruments d'optique, de navigation, de géodésie et de chirurgie, les fabriques de chapeaux de paille, de feutre et en soie, de chaussures, de vêtements, de toiles cirées, de tapis, de cuirs vernis et de maroquins, de verre, de faïences fines et ordinaires, de pierres artificielles, de carreaux, de mosaïque, de teinturerie, de meubles communs et meubles artistiques, de carrosserie, de wagons pour chemins de fer et tramways, de machines et instruments agricoles, d'huiles, de savon, de bougies et chandelles, de distillation, de bière, de pâtes alimentaires, de papiers unis ou peints, de vernis, de carton, de tabac à priser, de cigares et cigarettes, de marbre artificiel, de taille des diamants, de gants, de fleurs en étoffe et en plumes, dont un grand nombre ont obtenu à l'étranger des médailles et des distinctions qui témoignent en faveur de la perfection de ces produits. Dans la ville de Rio et ses environs quarante-cinq carrières donnent du travail à plus de mille tailleurs de pierre. Dans plusieurs chefs-lieux et en différentes villes et villages il y a, comme à Rio, des ateliers de bijouterie, d'horlogerie, de sellerie, de cordonnerie, de ferblanterie, de vêtements, de fleurs en étoffe et en plumes, de dentelles, d'ouvrages au crochet et à l'aiguille, d'ouvrages en cuir. Ces dernières sont fabriquées avec une rare perfection à Rio-Grande-du-Sud, à Paranà, St-Paulo et Minas-Geraes.

Les filatures et fabriques de tissus sont aujourd'hui très nombreuses. La plus importante est la fabrique „ Brazil Industrial ", près de Rio, dans le village de Macacos.

Parmi les usines installées à Rio on cite 24 fonderies de machines, de fer, de bronze, laiton et cuivre, remarquables par leur outillage et la perfection de leurs travaux. On compte aussi en province un grand nombre de fonderies.

Dans la rade de Rio il y a des chantiers navals appartenant à des entreprises privées, et qui peuvent construire de grands navires.

Le Brésil fait partie de l'Union internationnale pour la protection de la propriété industrielle, aux termes de la convention signée à Paris le 20 mars 1883.

Agriculture.

L'agriculture est la source la plus importante de la richesse publique au Brésil. Le sol, couvert encore en grande partie de forêts vierges, est d'une fécondité admirable, de sorte que les cultivateurs y trouvent facilement une large rémunération de leur travail. Ainsi les rendements de la récolte du blé et du seigle, qui sont, en Europe, de 20 par unité de semence, en Asie de 8 à 12, et dans la République Argentine de 15 à 25, sont au Brésil de 30 à 60, et même de 70, dans quelques parties de la province de Rio-Grande du Sud. Le maïs, comme nous l'avons dit déjà, donne, en moyenne, 200 par unité, et dans certains endroits 300 et 400. Le riz donne jusqu'à 1,000 pour 1. Les haricots donnent 80 et jusqu'à 200 pour 1 dans la province de Paranà. On cite des terrains produisant:

par hectare: 4,266 à   4,742 kilogr. de coton
    »   »   3,554 »   » café
    »   »   7,344 »   » tapioca
    »   »   9,390 litres » maïs
    »   »   18,730 »   » manioc.

La végétation si variée et si vigoureuse de la zone torride et des tropiques se rencontre sur le littoral, dans les plaines et dans les régions peu élevées des provinces du nord et du centre, tandis que dans une grande partie de ces mêmes provinces, l'élévation du terrain, dès qu'on franchit la chaine parallèle à la côte, et les vastes plateaux de l'intérieur permettent la culture de tous les fruits, légumes et céréales des climats tempérés. Dans les provinces de Paranà, Sainte-Catherine et

Rio-Grande du Sud, situées au delà du tropique, et bien plus éloignées de l'équateur que les autres provinces de l'Empire, le sol produit partout, dans les régions montagneuses comme dans les plaines et sur la côte maritime, les plantes de l'Europe méridionale et présente des conditions extrèmement favorables pour toutes les cultures des zones tempérées. Tandis que dans certains districts on cultive le café, la canne à sucre, le coton, le tabac, le cacao et la vanille, le thé et toutes les plantes de l'Asie, il arrive que dans d'autres districts, quelquefois immédiatement voisins, les plantations de blé, d'orge, de seigle, la vigne, les poiriers, pommiers et pêchers sont d'un excellent rapport.

«En raison du climat et de la situation géographique du Brésil, les zones végétales», dit le savant Agassiz, «ne sont pas aussi marquées que celles d'autres contrées; il serait cependant possible de diviser le territoire de l'Empire, sous le rapport agricole, en trois grandes régions. La première, s'étendant des frontières de la Guyane jusqu'à Bahia, le long des grands fleuves, est spécialement caractérisée par les produits sauvages de la forêt, le caoutchouc, le cacao, la vanille, la salsepareille et une variété infinie de gommes, de résines, d'écorces, de fibres textiles, encore inconnues au commerce des deux mondes, et auxquelles il serait très-facile d'ajouter les épices, dont le monopole appartient jusqu'ici aux îles de la Sonde. La seconde région, de Bahia à Ste-Catherine, est celle du café. La troisième, de Ste-Catherine à Rio-Grande du Sud inclusivement, en y ajoutant les hauts plateaux de l'intérieur, est celle des céréales, et, en connexion avec leur culture, de l'élevage du bétail. Le riz, qui vient facilement dans tout le Brésil, et le coton, qui partout donne de belles récoltes, relient ensemble ces trois zones; le sucre et le tabac comblent les lacunes et complètent l'enchaînement.»

Les grands planteurs brésiliens s'occupent presque exclusivement de la culture du café, de la canne à sucre et du coton. Les produits de ces trois cultures forment plus des deux tiers du montant des exportations brésiliennes, comme le montre le tableau déjà publié dans l'article sur le commerce, où l'on remarquera aussi l'importance croissante de la production du caoutchouc dans le riche bassin de l'Amazone.

La culture du lin, dans les provinces de Parana et Rio-Grande du Sud, donne, par le développement que cette plante y acquiert, de meilleurs résultats qu'en Europe. Dans d'autres provinces les tiges d'un grand nombre de végétaux fournissent des fibres textiles destinées, par leur blancheur et leur force de résistance, à faire concurrence au lin.

La culture du coton a pris au Brésil un accroissement prodigieux lors de la guerre civile des Etats-Unis. Sans abandonner leurs autres grandes cultures, les planteurs brésiliens sont arrivés à exporter annuellement des quantités énormes de coton, suffisantes pour combler le déficit produit par la guerre. La province de St-Paulo, où jamais on n'avait planté un pied de coton, celles d'Alagoas, Parahyba do Norte et Ceará, où cette culture avait été abandonnée, arrivèrent, avec celles de Pernambuco et Maranham, à quintupler rapidement la production cotonnière. A l'Exposition Universelle de Paris, en 1867, un prix spécial fut décerné au Brésil, dont les habitants, par leur énergie, avaient pu approvisionner largement le marché européen d'une matière première indispensable.

Le tabac croît spontanément au Brésil, et sa culture perfectionnée tend à se développer. Le tabac de Bahia est le meilleur.

La culture de la vigne trouve d'excellentes conditions à St-Paulo, Paranà, Rio-Grande du Sud et dans certains districts des provinces de Rio-de-Janeiro et Minas-Geraes; mais les vins brésiliens sont tous consommés dans le pays et ne figurent pas encore à l'exportation.

La seringueira (*siphonia elastica*), qui fournit le caoutchouc, est un arbre sauvage originaire des forêts qui couvrent la vallée de l'Amazones. On a commencé à le cultiver depuis quelques années à Parà. Ce riche produit brésilien a sa réputation établie dans tous les marchés du monde, où il obtient des prix très élevés, comme étant le meilleur des caoutchoucs.

Le manioc (Manihot utilissima), dont il y a au Brésil plus de 30 variétés, réussit dans presque tous les terrains des zones intertropicales et tempérées, mais surtout dans les terrains secs, déliés et plus spécialement sablonneux. C'est avec la racine du manioc qu'on fabrique le célèbre tapioca du Brésil, la farine de manioc, différentes pâtes, l'amidon, une sauce connue sous le nom de tucupy et des boissons alcooliques. La culture du manioc exige si peu de soins, les différentes préparations auxquelles ses racines sont soumises sont si faciles et si peu coûteuses, que en supposant mêmes les prix de vente actuels abaissés de 50 °/₀, le tapioca et les farines laisseraient encore d'énormes bénéfices aux planteurs.

Dans plusieurs provinces la culture du houblon donne les meilleurs résultats, et une grande partie de la bière consommée dans le pays est de fabrication nationale. La pomoculture, l'horticulture proprement dite et le jardinage ont fait depuis quelques années de grands progrès.

Presque tout le sol du Brésil, surtout celui des provinces situées entre celles de Rio-Grande du Nord et Rio-de-Janeiro inclusivement, produit abondamment la canne à sucre. Souvent ces plantations, durant seize, dix-huit et vingt ans, donnent de bons rendements. A Matto-Grosso des plantations de quarante ans conservent une vigueur suffisante. Les cannes à sucre se reproduisent avec une telle intensité dans cette province, sur les bords des rivières, qu'il est souvent nécessaire d'émonder les plantations, d'après le témoignage du voyageur italien Bossi.

La culture de la canne est lucrative au Brésil même dans les terrains siliceux, qui lui sont moins favorables. Dans les parties nouvellement défrichées on parvient à récolter au bout de quinze mois 100,000 kilogr. de canne par hectare, tout en cultivant des plantes légumineuses dans le même terrain. Un seul laboureur peut, en employant la charrue, entretenir deux hectares plantés de canne, et réaliser un bénéfice annuel de 3,976 francs, en vendant la canne à raison de 19 fr. 88 c. les mille kilogr. Quatorze provinces ont obtenu dernièrement des concessions pour 51 usines centrales destinées à la fabrication du sucre et de l'eau-de-vie de canne. Pour l'établissement de ces usines, l'Etat a garanti un intérêt de

6 à 7 % sur le capital employé, qui est de 29,850,000 roubles. Il est aussi question d'établir des usines centrales pour le café.

L'élevage du bétail trouve des conditions très favorables dans presque toutes les provinces, surtout dans les vastes pâturages, arrosés d'eau, de l'intérieur, à Minas-Geraes, Bahia et Piauhy, et dans les belles plaines de Rio-Grande du Sud, de Paranà et de St-Paulo. Les troupeaux sont presque abandonnés à eux-mêmes, et les soins d'élevage sont à peu près nuls.

On a donné au Brésil le nom de *Pays du Café*. Il mérite en effet ce nom, puisqu'il fournit à lui seul 55 % de la production totale du globe.

Cette production totale du café est actuellement de 660,000,000 de kilogrammes par an. Elle se répartit ainsi:

Le Brésil produit	360 millions de kil.,	soit 22 millions de pouds.
Tous les autres pays réunis produisent .	300 „ „ „ „ 18	„ „ „
Total . .	660 millions de kil.,	soit 40 millions de pouds.

Et pourtant, en 1800, le Brésil n'exportait que 13 sacs de café!

En 1817 il en exportait déjà 66,985 sacs; 97,498 en 1820; 484,222 en 1830; 1,037,981 en 1840; 3,765,122 en 1876.

Aujourd'hui il produit par an plus de 6,000,000 de sacs de 60 kilogrammes chacun.

Le savant *Agassiz*, qui a visité le Brésil il y a vingt ans, s'exprime ainsi au sujet de la culture du café:

„J'ai voulu m'assurer des faits relatifs à la culture du café au Brésil depuis 50 ans. *L'immense développement de cette branche de l'industrie et la rapidité du mouvement, surtout dans un pays où les bras sont si rares, sont au nombre des phénomènes économiques de notre siècle les plus frappants.* Grâce à leur persévérance et aux conditions favorables résultant de la constitution du sol, les Brésiliens ont obtenu une sorte de monopole du café. Plus de la moitié de ce qu'on en consomme dans le monde est de provenance brésilienne. Et cependant le café du Brésil a peu de réputation, il est même coté à un prix inférieur. Pourquoi? Simplement parce qu'une *grande partie des meilleures sortes produites dans les fazendas brésiliennes est vendue sous le nom de Java, de Moka, de Martinique ou de Bourbon.* Or, la Martinique exporte par an 600 sacs de café; la Guadeloupe, dont le produit est connu dans le commerce sous le nom de l'île voisine, en récolte 6,000, pas même de quoi alimenter le marché de Rio-de-Janeiro pendant 24 heures; l'île Bourbon n'en fournit guère plus. Presque tout le café vendu sous ces dénominations, quelquefois même sous celle de Java, provient du Brésil, et le soi-disant *Moka* n'est le plus souvent rien autre chose que les petits grains ronds des caféiers brésiliens. "

La notice suivante mettra le lecteur au courant de tous les détails concernant la question spéciale du café.

LE CAFÉ.

Nous ne pouvons mieux faire, pour mettre nos lecteurs au courant de la question du café, que de reproduire presque en entier l'excellente notice publiée l'année dernière en France à l'occasion de l'exposition des cafés brésiliens à Paris. Cette notice, déjà reproduite en tête du catalogue brésilien de l'Exposition Internationale d'Amsterdam, a été rédigée par un membre distingué de la presse parisienne, *M. de Sant' Anna-Nery*, qui a traité la question avec une haute compétence. Nous avons seulement ajouté en notes les renseignements postérieurs qui la complètent, en faisant précéder chaque chapitre d'un *Sommaire* pour faciliter les recherches. Ce *Sommaire* se rapporte également au texte primitif et aux notes qui le complètent.

I.

NOTIONS GÉNÉRALES.

Sommaire. — Le café. — Différentes espèces de caféiers. — Le Brésil est le pays où la culture du café a pris le plus d'extension. La production de tous les autres pays réunis n'arrive pas à égaler celle du Brésil. — Comment on cultive le café. — Les cafés du Brésil étudiés au Conservatoire des Arts et Métiers de Paris par le général Morin, le professeur Péligot, le Dr Laborie et M. Heuzé. — Manière de préparer le café. — Opinion du Dr Pennetier sur les cafés du Brésil. — Analyse chimique du café. — Le café brésilien est le plus riche en caféine. — Analyse des cafés brésiliens par le Dr Ludwig, directeur du laboratoire de chimie de la Faculté de Médecine de Vienne. — Opinion du Dr Lucien Martin sur l'emploi du café dans les armées de terre et de mer. — La suppression de l'alcoolisme ne peut être obtenue qu'en vulgarisant l'usage du café. — L'abus du café n'est pas à craindre comme l'abus des spiritueux ou du tabac. — Propriétés hygiéniques du café. — Il peut être employé comme médicament. — Ses falsifications en Europe dues aux droits d'entrée. — Mesures prises dernièrement en Angleterre pour éviter les falsifications.

Le caféier est originaire de l'Éthiopie, de l'Yémen, de l'Arabie. C'est un arbuste de la famille des *Rubiacées*, qui ne se plaît que sur des terrains en pente, et qui exige un climat dont la température se tienne entre 10° et 30° centigrades.

Au point de vue de la *plantation* et de la *culture*, les Hollandais furent les véritables propagateurs du café, comme les Turcs en avaient été les vulgarisateurs au point de vue de la *consommation*.

Il existe plusieurs espèces de caféiers:

Le coffea arabica — . . .	Caféier moka ou franc.
	Caféier myrte.
	Caféier Aden.
	Caféier bâtard.
Le coffea mauritiana — . .	Café marron de la Réunion.
Le coffea monrovia — . . .	Café du Gabon.
Le coffea laurina.	

Le coffea *amarello* — . . . Caféier sauvage aux cerises jaunes ou *amarellas*, le plus riche de tous en caféine, et qui se trouve dans les forêts de Botucatu, dans la province de San-Paulo, au Brésil.

Le coffea *vermelho* ou rouge — Caféier ordinaire du Brésil.

Le Brésil est le pays où la culture du café a pris le plus d'extension; c'est là qu'il semble le mieux prospérer, et c'est là aussi que l'on rencontre les plus riches plantations. La Colombie, le Guatémala, le Vénézuéla, le Nicaragua, San-Salvador, Costa-Rica, le Mexique fournissent aussi un certain contingent; mais la production de tous ces pays réunis n'arrive pas au tiers des cafés fournis par le Brésil [1]).

Une subdivision pratique admet dix ou douze catégories de nombreuses variétés, qui diffèrent entre elles par des prix aussi variables que leur qualité, leur arome et leur provenance.

Cette distinction est très-essentielle, et nous allons voir la nomenclature exacte des différentes sortes de cafés livrés à la consommation par le commerce:

AMÉRIQUE.

	Rio-de-Janeiro (*Rio, Rio lavado, Capitania*).
	Santos (*Santos, Santos lavado*).
	Minas-Geraes.
	Bahia (*Bahia, B. Caravellas, B. Maritiba, B. Valença,*
brésil [2])	*B. Maragogipe*).
	Ceara.
	Andarahy.
	Pernambuco.
	Amazone.

---

[1]) La production totale annuelle est aujourd'hui de 666,000 tonnes de 1,000 kilogrammes, savoir:

Production du Brésil. . . . . . . 360,000 tonnes

   »   des autres pays . . . . 306,000 »

                666,000 tonnes

[2]) Nous complétons ici la classification des cafés du Brésil, d'après les notes qui nous ont été

ANTILLES	Haïti ou St-Domingue (*St-Marc, Môle, Gonaïves, Santo-Domingo, Port-de Paix, Porto-Plata, Cap-Haïtien, Port-au-Prince, Jacmel, Jérémie, Aquin, Cayes*). Jamaïque (*J. plantation, J. ordinaire*). Porto-Rico, Martinique, Guadeloupe (*L'Habitant, le Bonifieur*). Cuba (*Santiago-de-Cuba, Havane*).
AMÉRIQUE CENTRALE	Guatémala (*G. ordinaire, G. gragé*). Nicaragua. Savanilla. Costa-Rica (*C. ordinaire, C. gragé*). Honduras. San-Salvador.
VÉNÉZUÉLA	Porto-Cabello (*P. Gragé*). Laguayra. Maracaïbo.
PÉROU	Carabaya. Huanaca.
BOLIVIE	Yungas.
GUYANE	Cayenne (*Côte de Remire, Montagne d'Argent, Kaw, Oyac*).

AFRIQUE.

AFRIQUE OCCIDENTALE	Madère Cap-Vert. Sénégambie (*Cazengo, Rio-Nunez*). Gabon (*Gabon, Benguela, Monrovia*). San-Thomé (*Principe*). Angola (*Encoge, Cazengo*).

ournies par M. Arauio-Maia, qui représente en Russie, avec le Dr Cunha e Sousa, le *Cercle de l'Agriculture et du Commerce* de Rio de Janeiro (Centro da Lavoura e do Commercio):

CAFÉS DE RIO: — Andarahy, Moka Brésilien, Botucatù, Le Roy, Ceylon-Brésilien, Maragogipe, Iorta, Bourbon-Brésilien et les 14 qualités suivantes: Fin; Supérieur n° 1, Supérieur n° 2; 1re Bonne n° 1, 1re Bonne n° 2; 1re Regular (moyen) n° 1 et 1re Regular n° 2; 1re Ordinaire n° 1 et 1re Ordinaire n° 2; 2e Bonne n° 1 et 2e Bonne n° 2; 2e Ordinaire n° 1 et 2e Ordinaire n° 2; Escolha. Ces différentes espèces de cafés se divisent encore en *cafés lavés* et *non lavés*.

CAFÉS DE SANTOS (St-Paulo): — les mêmes variétés qu'à Rio.

» CAPITANIA: — ceux de la province de Espirito-Santo.

» DE MINAS-GERAES: — les mêmes variétés qu'à Rio. Ils sont tous exportés par la voie de Rio.

» DE BAHIA: — Bahia, Bahia-Caravellas, Bahia-Muritiba, Bahia-Valença, Bahia-Maragogipe, et les 14 variétés de Rio.

» DE CEARA: — les 14 variétés de Rio.

AFRIQUE ORIENTALE	Iles de la Réunion (*Bourbon pointu, B. rond, variétés Mo*[...] *Myrte, Leroy, St-Leu, Mauritiana*). Mayotte. Nossi-Bé. Mozambique (*Inhambane*). Madagascar (*Tamatave*). Zanzibar (*Moka zanzibar*). Berbera.
ARABIE	Moka (*Moka de Moka, Moka d'Aden, Hodeidah, Kusma, D*[...] *jeli, Aden*).

ASIE.

INDE	Bombay (*Moka de Bombay*). Mangalore. Mysore. Malabar. Wynaad. Tellitcherry, Nilgberries. Salem. Ceylan (*Ceylan natif, C. plantation*).
INDE TRANSGANGÉTIQUE	Cochinchine. Singapour.

ARCHIPEL INDIEN.

JAVA — (*Préanger, Demerary, Menado, Tagal, Malang, So*[...]
    Tjilatjap, Samarang, Cheribon, Tenger, Kad[...]
    Pecalongan, Passaroean).

Palembang.
Padang.
Célèbes (*Paré-Paré, Boenge, Macassar*).
Sumatra.
Luçon (*Manille, Zamboang*).
Tahiti.
Nouvelle-Calédonie.

Le caféier se cultive en quinconces, sur le penchant des collines un peu o[...]
bragées, où les eaux pluviales ne sont pas trop abondantes.

On procède par semis, et, au bout d'une année généralement, les jeunes plants sont assez forts pour pouvoir être replantés dans des trous régulièrement disposés, séparés les uns des autres par un intervalle de 4 mètres environ. Ce n'est guère que vers la quatrième année que le caféier entre en rapport au Brésil; mais, dès lors, la quantité de cerises qu'il donne va toujours en augmentant. Il atteint alors de 3 à 5 mètres de hauteur, avec une circonférence de 0,50 à 0,60 centimètres. A l'âge de 8 ou 9 ans, le caféier est en plein rapport, et il donne du fruit pendant une quarantaine d'années, si l'on a soin de l'émonder et d'enlever les branches mortes.

Au Brésil, on cherche des terrains vierges et boisés, de préférence, pour établir une plantation de café, qui est en plein rapport au bout de sept ans. Une fois le terrain choisi dans ces conditions, on en abat les arbres et on les brûle. Puis, la plantation faite, on laisse croître naturellement les caféiers, en ayant soin de les protéger contre les herbes, qui, sans cela, envahiraient rapidement la plantation. On sait que le caféier ne supporte pas plus une trop forte chaleur qu'un froid un peu intense. Au Brésil il ne réussit bien, ordinairement, qu'entre les 18° et 25° parallèles.

On a calculé qu'au Brésil un hectare de terre convenablement préparé peut recevoir 900 caféiers.

Avant la baisse qui a atteint le marché du café pendant ces dernières années, et dont nous étudierons plus loin les causes, dans une *fazenda* brésilienne, le rendement moyen par travailleur, y compris femmes, enfants et vieillards, était de 1,704 francs [1]).

Les cultures brésiliennes s'étendent, plus ou moins abondantes, du fleuve des Amazones jusqu'à la province de Sam-Paulo, et embrassent environ 20° de latitude. Du littoral à l'extrémité occidentale de la province de Matto-Grosso, on compte 25° de longitude. La zone totale où l'on peut cultiver le café est évaluée à plus de trois millions de kilomètres carrés !

On a prétendu, à bon droit peut-être, que certains planteurs brésiliens ne préparent pas leurs produits avec autant d'art que ceux de Ceylan et de Java, ce qui laisse une légère amertume, une saveur de terroir au café du Brésil. Nous ferons remarquer que ce goût de terroir est loin d'être désagréable, et que, du reste, il s'affaiblit considérablement si l'on a le soin de garder le café un ou deux ans avant d'en faire usage, précaution qu'il faut, d'ailleurs, prendre pour tous les cafés. Ce défaut ou cette qualité que présentent tous les cafés authentiques sont très-appréciés des gourmets de l'Amérique du Nord.

Nous empruntons au GÉNÉRAL MORIN les résultats des travaux qu'il a entrepris au *Conservatoire des Arts-et-Métiers*, de concert avec l'éminent professeur de chi-

---

[1]) Vid. *L'Empire du Brésil à l'Exposition de Philadelphie.* Rio-de-Janeiro, 1876, un vol. avec cartes.

mie M. Péligot [1]). Ces savants s'accordent à reconnaître que le café, comme les vins généreux, exige l'épreuve du temps pour acquérir ses plus exquises qualités. C'est l'âge qui fait le bon café.

Les cafés les plus secs, dont la couleur est en général jaune pâle, ont une densité *gravimétrique* d'environ 500 grammes au décimètre cube, tandis que ceux qui ont une apparence verdâtre, et dont la récolte ne date pas de plus d'un an ou deux, pèsent en moyenne 680 grammes, et parfois plus, au décimètre cube, sans tassement.

Or, le café se vendant toujours au poids, le commerce a intérêt à le livrer le plus vert et le plus lourd possible, parce que le consommateur hésiterait à payer la différence de prix correspondante à celle de la densité.

Cela est si vrai que les marchands même de très-bons cafés de la côte d'Afrique, dits mokas de Zanzibar, ne peuvent livrer que des cafés de *deux ans* au plus, au prix moyen de 5 francs le kilog.; tandis que si ces cafés étaient parfaitement secs, ils vaudraient plus de 7 francs, en tenant compte de la perte par dessiccation.

L'arome du café est donc en raison directe de sa dessiccation par le temps.

Certains procédés physiques pourront peut-être remplacer un jour ce coëfficient d'années nécessaires, et nous permettre de consommer le café dans la plénitude de sa saveur.

DENSITÉS GRAVIMÉTRIQUES DES CAFÉS VIEUX.

PROVENANCE.	Date de la récolte.	ÉTAT DES GRAINS.	Densité des grains au litre.	Nombre de grains au décilitre.
Moka *(amiral de Rigny)* . .	1828	Grains réguliers, fins	500 gr.	510
Moka d'Aden	1874	Très-mélés	606 »	554
Moka Zanzibar	1874	id.	600 »	476
Java	—	Réguliers gros	455 »	338
Réunion.	1869	Fins, pointus aux extrémités.	630 »	488
Brésil.	1872	Réguliers gros	522 »	294
Brésil — *Rio* . { nº 16. . . .	1867	} Réguliers gros . . . . {	460 »	300
nº 17. . . .	1871		544 »	292
nº 18. . . .	1872		586 »	354
Vénézuéla.	1865	Ovoïdes moyens	654 »	400
San-Salvador	1873	id. id.	662 »	—
Cochinchine.		Petits	614 »	544
Rio-Nunez.		id.	580 »	618
Nossi-Bé	Très-secs.	Moyens	584 »	432
Nossi-Bé *(sauvage)*		Ovoïdes très-petits	440 »	752
Gabon		Gros irréguliers	490 »	336
Calédonie.		Moyens	570 »	442
Ceylan	Moyen sec.	Fins.	580 »	452
Brésil *(Espirito-Santo)* . . .	1875	Gros (artificiellem. desséché).	567 »	318

[1]) Vid. dans les *Annales du Conservatoire des Arts et Métiers* la *Note sur les diverses variétés de Café et, en particulier, sur les Cafés du Brésil* par le général Morin.

Il résulte de ce tableau comparatif que le *café brésilien* est, de tous les cafés, le plus gros et le plus régulier.

Ce café paraît en outre exiger pour la dessiccation moins de temps que les autres cafés, puisque sa densité gravimétrique est :

    pour 8 ans — 460 grammes
       „ 4 ans — 544   „
       „ 3 ans — 586   „

Pour un an, après dessiccation artificielle, sa densité est de 567 grammes le litre ; c'est-à-dire que le café brésilien se prête mieux qu'aucun autre aux procédés artificiels de dessiccation, qui pourraient aisément, s'ils étaient bien pratiqués, faire prendre à un café d'un an l'arome et la densité gravimétrique d'un café de dix ans.

Les planteurs brésiliens doivent surtout diriger leurs efforts dans ce sens, s'ils veulent s'assurer les meilleures qualités sur tous les marchés du monde.

Au Brésil, la cueillette du café commence en avril ou mai et se prolonge parfois jusqu'en novembre par suite d'irrégularités dans la maturité.

La préparation immédiate du café n'est pas indifférente non plus à sa qualité. Quelques conseils à ce sujet ne seront pas superflus. Il est peu de maisons où l'on sache préparer convenablement et rationnellement d'excellent café.

Le café doit être brûlé quelques heures seulement avant la consommation. Le café vieux-brûlé dégage un principe huileux qui s'altère à l'air libre et lui communique un goût âcre et quelquefois insupportable.

On peut à la rigueur conserver un jour ou deux, en vase clos, du café brûlé.

L'appareil appelé brûloir, vulgairement employé, n'est pas mauvais, à la condition qu'on évite les mouvements brusques et les secousses violentes.

Il faut se servir d'un feu vif et régulier de charbon de bois en pleine ignition.

Sous l'action du feu, le grain de café augmente dans une proportion de 1,50, 1,60 et même de 1,75 de son volume. La perte au brûloir varie avec le degré de siccité du café. Pour que le café soit convenablement brûlé jusqu'à la teinte marron, il doit perdre de 0,13 à 0,18 de son poids. S'il était poussé jusqu'à une déperdition de 0,20, il serait trop brûlé, trop huileux et tacherait le papier.

Le dosage des tasses ordinaires d'un décilitre doit être de 25 grains pour un décilitre et demi d'eau.

L'eau d'infusion doit être portée à une température un peu inférieure au degré l'ébullition.

Les vases en faïence, en porcelaine ou en verre doivent être seuls admis pour les filtres. Tout métal et appareil à vapeur doivent être rejetés.

Le GÉNÉRAL MORIN, M. PÉLIGOT, le Dr LABORIE, M. HEUZÉ de la *Société d'Agriculture*, MM. BIGNON et MAGNY, les restaurateurs bien connus, ont procédé, en 1875, à la dégustation des divers cafés livrés à la consommation.

Leur expérience n'a pu se faire dans des conditions avantageuses pour le café brésilien. Tandis qu'ils opéraient sur d'autres cafés très secs, ayant complètement perdu leur goût de vert, ils n'ont pu déguster que du café brésilien de l'année.

Malgré cette cause d'infériorité réelle, le café du Brésil a été trouvé excellent et a obtenu un très-bon rang dans le classement général.

Les dégustateurs ont divisé, d'après la saveur et l'arome, les cafés en trois catégories qui nous semblent assez rationnelles:

1. Les cafés secs, ayant un arome très prononcé qui permet de les mélanger;
2. Les cafés secs, moins aromatiques, plus doux, pouvant être pris seuls;
3. Les cafés jeunes.

Or, dans la première classe, le café brésilien de 2 ans a pu lutter avec des cafés d'un âge beaucoup plus avancé. Il a occupé le 8e rang dans la classification, avec la note: très bien récolté, *très bon*, pas encore assez vieux.

Il n'a avant lui que 5 espèces de Moka très vieux, un Martinique de 3 ans et un Ceylan également de 3 ans.

De café Amarello ou jaune a été jugé très bien récolté, très bon et très fort pour le mélange.

M. Péligot a constaté en outre que le café Amarello est beaucoup plus riche en caféine que le café Vermelho.

Dans la seconde catégorie de cafés doux secs, le café brésilien vient au second rang. Le Saint-Leu de la Réunion lui a été trouvé préférable. Les cafés de Rio, S. Paulo, de Campinas, Santos, Capitania, Espirito-Santo ont été estimés très bien récoltés, très secs, *d'un goût franc et agréable*.

Dans le classement provisoire de cafés jeunes, le café brésilien monte sans conteste au premier rang. Il est, de tous les cafés, celui qui a le moins besoin de vieillir pour être trouvé passable, sinon tout à fait bon. C'est cet avantage qui fait sa supériorité commerciale sur tous les autres cafés du monde.

Le café de Minas-Geraes a été considéré d'un goût fort, mais bon, qui doit beaucoup gagner en vieillissant.

Voici la conclusion des travaux de M. Péligot et du général Morin sur les cafés du Brésil:

« En dehors des cafés d'Arabie, de la Martinique et de la Réunion, qui n'entrent en réalité que pour 0,052 dans notre consommation totale en France, ce sont les cafés du Brésil qui méritent la préférence de notre commerce, non-seulement à cause des soins avec lesquels ils sont récoltés, mais encore pour leurs bonnes qualités. Le commerce et les consommateurs français doivent donc faire des vœux pour que cette culture se développe et se perfectionne de plus en plus dans cette riche et fertile contrée ».

M. le Dr GEORGES PENNETIER, directeur du *Muséum d'Histoire Naturelle* de Rouen, ajoute ce qui suit aux paroles flatteuses et encourageantes que nous venons de citer:

«Certains cafés du Brésil ont un arome égal à celui de la Martinique. Le plus grand nombre de ces cafés suffisamment secs sont d'un goût franc très agréable. Ils peuvent être acceptés par la consommation comme les équivalents du café de la Réunion, et paraissent supérieurs à tous les cafés provenant des autres contrées de l'Amérique.»

Les analyses chimiques les plus récentes du café donnent:

Eau	12 p. 100	en moyenne.
Cellulose	34	"
Matières grasses	10 à 13	"
Glycose dextrine		
Acide caféique	15 à 16	"
Acide citrique et autres matières non azotées		
Matières azotées		
Caféine, légumina	17	"
Substances minérales	6 à 7	"

Les matières grasses qui donnent au café cru son odeur sont donc relativement peu nombreuses.

La caféine est ce qui domine dans le café. Cet alcaloïde a été découvert par Runge. Il cristallise en filaments soyeux, blancs, inodores, légèrement amers et volatils. La caféine est très riche en azote. Elle constitue un excellent aliment, puisqu'elle contient 30 pour 100 de son poids d'azote.

Ce principe actif du café est identique par sa composition à la théine du thé, à la théobromine du cacao, à la guaranine du guaraná.

M. VANDENCORPUT a découvert la présence de la caféine dans les feuilles du féier dans la proportion de 2 pour 100.

La torréfaction modifie la composition chimique du café. La partie ligneuse se décompose en partie et devient friable; la dextrine et le glycose se transforment en un corps brun, amer, soluble dans l'eau; un principe huileux très aromatique, très volatil, la *caféone*, se développe sous l'action du feu. La plus grande partie de la caféine reste, mais une portion se décompose en méthylamine.

La quantité de caféine varie suivant les espèces de café.

Pour 500 grammes de café soumis à l'analyse, on a trouvé:

Café amarello (Café jaune) du Brésil	1,82
Martinique	1,79
Alexandrie	1,26
Java	1,26
Moka	1,06
Cayenne	1,00
Saint-Domingue	0,89

Non-seulement le café brésilien est de tous les cafés le plus riche en caféi
mais il est encore celui qui cède à l'eau une plus grande quantité de principes
lubles, jusqu'à 45 pour 100.

Tout récemment, un jeune médecin brésilien, M. le Dr C. TEIXEIRA, voul
apprécier à leur valeur exacte les différentes qualités de café, a eu la bonne i
de prier M. le Dr ERNST LUDWIG, le savant directeur du laboratoire de chi
de la faculté de médecine de Vienne, de faire l'analyse de deux qualités différen
de café brésilien qu'il lui présenta. M. le professeur LUDWIG a procédé à l'anal
de ces échantillons, d'après la méthode de Dragendorff. Le résultat de cette a
lyse [1]) a démontré que le café brésilien l'emporte sur les cafés des provenances
plus diverses par la proportion de caféine qu'il contient. Il l'emporte sur le Cey
natif et plantation, sur le café de la Martinique, d'Alexandrie, de Java, de Mo
de Cayenne, de Saint-Domingue. En effet, d'après l'analyse du professeur LUDV
d'accord en cela avec d'autres chimistes célèbres, la proportion de caféine conte
dans le café brésilien varie entre 1,16 et 1,75 °/₀.

L'analyse chimique que nous venons de donner indique les principaux ef
que le café peut produire sur l'organisme.

Le café stimule la pensée, active l'imagination, met en branle toutes les
cultés intellectuelles, et occasionne des insomnies chez les personnes qui n'en
pas un usage habituel.

MM. DE GASPARIN et PAYEN ont constaté que les consommateurs de café
besoin de beaucoup moins d'aliments pour se rassasier que ceux qui n'en cons
ment pas ordinairement. Ces savants se sont, en outre, rendu compte des causes
ce phénomène. Ils ont reconnu que le café, sans nourrir beaucoup directement,
lentit d'une manière notable les fonctions de désassimilation. Ce sont les pauv
surtout, les travailleurs, les soldats et tous les hommes qui mangent peu ou
mangent mal, qui doivent principalement se livrer à la consommation du café.

Dans les pays de bière et de cidre, le café devient un tonique de premi
nécessité.

Le Dr LUCIEN MARTIN consacre, dans le journal l'*Hygiène Pratique*, un ex
lent article à démontrer les heureux résultats que l'on pourrait obtenir par l'
ploi rationnel du café dans les armées de terre et de mer.

Il constate que la suppression de l'alcool ne peut être décidée que s'il est r
placé par un liquide jouissant des mêmes propriétés et ne présentant pas les mê
résultats funestes.

Le café ingéré à une température élevée agit en outre par sa chaleur et p
tège du froid les personnes qui peuvent y être exposées. De plus, le sucre que
ajoute à cette boisson est un aliment respiratoire de premier ordre.

---

[1]) Vid. *Der Kaffee von Brasilien*, Wien, 1883. Nous citerons aussi une publication tou
cente du Dr F. da Cunha e Souza: *Brasil-Kaffee*, Wien, 1884.

«Le café, dit-il, est véritablement indispensable aux troupes, non-seulement pour les soutenir, les exciter et les réchauffer, mais encore pour les préserver ou les guérir d'une maladie fréquente en campagne ou en marche, de la diarrhée, qui épuise et abat promptement le soldat le plus vigoureux. Le café est donc un agent d'hygiène préventive, le meilleur de tous assurément. On se trouve aussi, grâce à lui, avoir sous la main un moyen d'action agréable et efficace contre les fièvres intermittentes qui ne sont que trop communes.

«Une distribution supplémentaire de café, dont on ferait une décoction avec les grains non torréfiés, pourrait remplacer la ration hygiénique de sulfate de quinine qui, en été et à l'automne, est allouée à la garnison de certains postes. Elle serait d'autant plus utile que le soldat, croyant que la *quinine lui éreinte* l'estomac, s'empresse de ne pas prendre le médicament qui lui a été distribué, mais de le conserver pour le vendre à l'habitant.»

La conclusion logique de ces lignes est la nécessité de distribuer aux soldats des rations quotidiennes de 25 grammes de café au moins. Il serait à désirer que les ménages pauvres pussent se procurer la même quantité, par tête, de cette boisson de première nécessité. Il n'y a pas à craindre l'abus comme pour l'alcool et le tabac. M. POUCHET dans son *Traité élémentaire de botanique appliquée* cite un cas fort curieux à ce sujet : — «Nous avons vu, dit-il, dans une auberge de Lens-le-Bourg, au pied du Mont-Cenis, une bonne femme de 116 ans qui avait l'habitude de boire 25 à 30 tasses de café par jour.»

Après cet exemple il est inutile de citer VOLTAIRE et sa longévité.

En résumé, le café agit sur l'encéphale, dont il augmente l'énergie des fonctions. Il empêche la désassimilation des tissus vivants. Les médecins peuvent l'employer avantageusement pour combattre les migraines, les névralgies, les coqueluches, les fièvres intermittentes, et en guise de réactif pour empêcher l'empoisonnement par les narcotiques [1]).

Mais, pour accomplir ces heureux effets, il est indispensable que le café soit pur, sans altérations, sans falsifications nuisibles.

Le café ne doit pas être récolté sur des plants malades, ou mis en sac avant d'être parfaitement séché.

Le café moulu est surtout l'objet de nombreuses falsifications.

Il est composé souvent de sortes inférieures, de cafés avariés, de marc coloré au caramel. On lui adjoint aussi de la chicorée torréfiée et falsifiée.

Les moyens d'éprouver ces poudres sont à la portée de tout le monde.

Il suffit de jeter une pincée de ce café sur une tasse d'eau. Si une partie de

---

[1]) Vid. Dr MEVLAIN, *Du Café, étude de Thérapeutique Physiologique* (Paris, 1868, Louis Leclerc, Libraire-Editeur); Dr GUÉRIN, *Considérations sur l'Emploi du Café dans le traitement des métrorrhagies* (Paris, 1881, A. Parent, Imprimeur de la Faculté de Médecine); Dr VILLEMOS, *Du Café et de ses principales applications thérapeutiques* (Paris, 1875, A. Derenne); Dr C. TEIXEIRA, *Der Kaffee* (Vienne, 1883); Dr CUNHA E SOUZA, *Brasil-Kaffee* (Vienne, 1884); BARON DE THERESOPOLIS, *Discours au 4e Congrès International d'Hygiène et de Démographie à Genève* (1882).

la poudre surnage et que l'autre se précipite, si l'eau se colore immédiatement, c'est que le café est frelaté.

Nos laboratoires de chimie feraient bien de soumettre à l'analyse et à la proscription ces denrées nuisibles que l'on nous vend sous le beau nom de café.

C'est l'exemple que vient de nous donner l'Angleterre. Un ensemble de règles importantes au sujet du café et de la chicorée viennent d'y être édictées. Un règlement spécial frappe d'une taxe d'un demi-penny par 112 grammes toutes les substances végétales qui sont présentées comme pouvant suppléer au café et à la chicorée. Chaque paquet doit être d'un quart de livre et porter un timbre mobile qui indique la nature et les proportions du contenu. La peine de confiscation avec amende de 20 livres est portée contre tous les infracteurs de ces dispositions. Quiconque emploie des timbres ayant déjà servi est passible d'une amende de 100 livres. Quant au café pur et à la chicorée pure, ils ne sont pas soumis à ce règlement ; cependant le mélange de café et de chicorée doit porter l'étiquette légale. De cette façon, les succédanés du café ne pourront pas se vendre à l'insu des acheteurs, et paieront un droit plus élevé que le café et la chicorée purs.

II.

LE CAFÉ AU POINT DE VUE ÉCONOMIQUE.

Sommaire. — Marche ascendante de la production et de la consommation. — Baisse accidentelle des prix. — Consommation du café en Russie et dans d'autres pays. — Moyenne de la consommation par habitant. — Droits d'entrée sur le café. — Les sociétés contre l'abus des boissons alcooliques devraient être les premières à demander la diminution des droits d'entrée qui pèsent sur le café.

Pour se faire une opinion sur l'avenir de l'article, il faut se rendre un compte exact de la marche de la production et de la consommation. Jusqu'ici, la statistique semble établir que la consommation déborde la production, malgré les apparences contraires.

Ainsi de 1855 à 1878, c'est-à-dire depuis vingt-trois ans, la production générale a augmenté de 48 °/₀ ; la consommation, de 60 °/₀. L'équilibre n'a donc été rompu qu'en faveur de la consommation.

Si la consommation est en avance de 12 °/₀ sur la production, comment expliquer la dépréciation de 40 °/₀ en deux ans sur l'article ? Nous devons donc chercher dans une autre direction la solution du problème.

Ce qui est rompu, ce n'est pas l'équilibre entre la production et la consommation, mais celui entre l'offre et la demande, ce qui n'est pas la même chose.

Au Brésil, on a sauté sans transition du transport à dos de mulet à la locomotive. Les récoltes actuelles nous parviennent donc au moins deux mois plus tôt qu'autrefois. En vingt-deux jours, des vapeurs les transportent dans les pays de consommation. Il fallait autrefois quatre-vingts jours à des voiliers pour effectuer le même trajet. Voilà, en tout, quatre bons mois gagnés, et, par conséquent, $^4/_{12}$ de récolte qui sont offerts à la consommation avant que la récolte précédente soit à moitié écoulée. La demande n'augmente pas dans la même proportion que la rapidité de l'offre.

La production n'est pas en cause ici. Le Brésil n'aurait pas produit un sac de café de plus, que le même phénomène économique se serait manifesté.

Pour les récoltes de l'Inde, le raisonnement est encore plus juste. Les voiliers doublant le cap de Bonne-Espérance et les vapeurs franchissant l'isthme de Suez déposent dans les entrepôts de l'Europe deux récoltes à un intervalle très rapproché. Pour *un* demandé, il y a donc *deux* offerts, grâce à la *promptitude des arrivages*.

A ces causes générales, il faut ajouter pour le Brésil d'autres causes secondaires, par exemple : la grande récolte de 1880, — la mauvaise distribution des expéditions de l'intérieur, les planteurs expédiant parfois plus de 30,000 sacs par jour, tandis qu'en répartissant leurs envois plus également sur douze mois, ce devrait être seulement la moitié ;— puis les exagérations des télégrammes, offrant des cafés au-dessous des cours pour obtenir des ordres, etc.

On se base sur les forts stocks et sur l'énormité de celui du Havre pour croire à une forte augmentation de la production. C'est une erreur. L'accumulation des stocks dans les ports de mer n'est que la conséquence des facilités de communication qui existent dans le monde entier.

Nous sommes donc en présence d'une situation transitoire due aux *nouveaux moyens de transport* [1]).

Le choc est produit. Il ne se répètera pas, tant qu'on n'aura pas découvert des moyens de transport aussi supérieurs aux moyens actuels, que ceux-ci le sont aux anciens.

Cela étant, la stabilité des transports étant assurée, la différence actuelle entre l'offre et la demande ne peut que diminuer, puisque c'est en réalité *la consommation qui augmente*.

Quant à la production dans le monde entier, on peut l'évaluer ainsi qu'il suit :

95 millions de kilogr. en 1832
300　　　"　　"　　"　　" 1855
600　　　"　　"　　"　　" 1880

Jusqu'en 1878 le prix des cafés a été constamment en s'élevant. Le café brésilien a suivi cette marche ascendante, tout en demeurant toujours de 15 à 20 francs au-dessous des cours des autres provenances.

---

[1]) Vid. Circulaire du 28 février 1882 de MM. Busch et C⁹ du Havre.

Cette infériorité de prix, qui est due aux moyens économiques de production, a fait rechercher en France le café brésilien. On l'y a vendu sous le nom de Réunion, Martinique, Zanzibar, etc.

Depuis 1879 les cafés brésiliens n'ont pas cessé de baisser de prix.

Les 4,337,418 sacs de café Rio exportés en 1881, qui, au prix moyen de l'année antérieure, auraient représenté une somme de 122,000,000 de milreis, n'ont donné, au prix moyen de 1881, que 96,000,000 de milreis, c'est-à-dire que le produit s'est déprécié de 21,4 %. Santos a exporté, en 1880-81, 1,204,198 sacs.

D'un autre côté, quoique la consommation des cafés ne cesse d'augmenter à mesure que les prix deviennent plus modérés, le commerce de détail se tient toujours sur une extrême réserve, s'obstine à ne plus vouloir faire de provisions et n'achète qu'au fur et à mesure de ses besoins courants; il est enhardi dans ce système par la marche de l'article pendant ces dernières années. Il n'est donc pas étonnant que dans cet état de choses les stocks s'accumulent dans les principaux ports de mer, alors qu'il n'y en a guère dans le commerce de détail.

Mais enfin il y a des limites à tout, et on ne peut pas supposer qu'un article aussi sérieux et aussi important que le café puisse tomber à une valeur dérisoire, quoique discrédité pour le moment et abandonné un peu par l'opinion publique.

Il est prouvé par des chiffres officiels et authentiques :

1. Que la production du café brésilien a toujours été croissante ;

2. Que la consommation de ce café à l'étranger a de même suivi une progression ascendante;

3. Que depuis 1879-1880 les prix du café brésilien sont toujours allés en diminuant.

A quelle cause attribuer cet écart énorme et persistant ? Les cafés brésiliens ont-ils eu à souffrir de la concurrence étrangère ? Cela ne paraît pas résulter des statistiques d'exportation. Chaque jour, au contraire, les Santos, de S. Paulo, remplacent et supplantent les provenances de Saint-Domingue ; à lui seul, le stock brésilien est supérieur à tous les autres arrivages de café. Il faut donc chercher ailleurs la raison de cette baisse de prix. On la trouve évidemment *dans la différence considérable qui existe entre l'offre et la demande*. Il n'y a plus équilibre entre la consommation et la production. Comment sortir de cet embarras ? On ne voit qu'un remède : *ouvrir de nouveaux débouchés et abaisser les taxes d'entrée*.

Nous espérons que les gouvernements comprendront enfin tous les avantages qui résulteront pour la santé et la fortune publique de la suppression des droits sur une matière aussi indispensable que le café.

La production excessive, l'extension par trop considérable donnée chaque jour à la culture du café au détriment d'autres plantations dans l'Amérique du Sud, sont aussi la cause de cette crise. Mais il ne faut pas pour cela diminuer cette culture, mais bien lever tous les obstacles qui s'opposent à la création de nouveaux débouchés. Puisqu'en année moyenne l'Europe et les Amériques consomment environ 600,000,000 de kil. de café et que ces pays peuvent régulièrement en consommer

ois ou quatre fois plus, il nous paraît plus logique et plus avantageux d'*accroître*
débouchés plutôt que de restreindre la production.

Les statistiques prouvent que la consommation du café est en raison inverse
l'élévation des droits d'entrée; en d'autres termes: plus les droits d'entrée sur
café dans un pays quelconque sont élevés, moins la consommation se développe.

Faisons parler les chiffres, et écoutons ceux de l'année 1879 :

C'est en Hollande que la consommation du café est la plus considérable, pro-
rtionnellement, puisqu'elle est de 8 kil. 12 gr. par habitant. En Hollande, les cafés
trent en franchise.

En Belgique, où le café ne paie que 13 fr. 20 par 100 kil., la consommation
r habitant est de 5 kilog. 400 gr.

Aux Etats-Unis, où le café n'est assujetti à aucun droit d'entrée, et en Suisse,
il ne paie que 3 fr. par 100 kil., la consommation est de 3 kil. 500 gr. et 3 kil.
0 gr. par habitant.

Après ces pays, la consommation descend de suite à un chiffre inférieur. En
lemagne, où le café paie 50 fr. de droits d'entrée par 100 kil., la consommation
r habitant n'est plus que de 2 kil. 470 gr.

En Autriche, où l'on paie 16 florins d'or par 100 kil., la consommation est en-
re plus basse (1 kil. 050 gr.).

En France, grâce au droit quasi prohibitif de 156 fr. par 100 kil., la consom-
ation n'est plus que de 1 kil. 460 gr. par habitant. Un Français consomme donc en-
ou six fois moins de café qu'un Hollandais, près de quatre fois moins qu'un Belge.
Suisse ou un habitant des Etats-Unis consomment deux fois plus de café qu'un
rançais, et un Allemand en consomme le double. [1]

---

[1] Voici, d'après M. Liscunz, chargé d'affaires de Russie à Rio-de-Janeiro, le montant de l'im-
rtation des cafés en Russie pendant les dernières années. Nous y avons ajouté seulement les chiffres
1882 et 1883, que nous venons de trouver dans les journaux de St-Pétersbourg.

1877 pouds	287,038	soit, en tonnes de 1,000 kilogr.				4,701
1878 »	417,221	»	»	»	»	6,734
1879 »	472,448	»	»	»	»	7,638
1880 »	500,064	»	»	»	»	8,191
1881 »	424,431	»	»	»	»	6,952
1882 »	508,877	»	»	»	»	8,331
1883 »	387,141	»	»	»	»	6,338

Comparons maintenant ces chiffres à ceux de la consommation aux Etats-Unis et dans quelques
ys de l'Europe, selon le *Rapport du Consulat Général du Brésil à Liverpool* en date du 25 Mars
82 (mil. tonnes de 1,000 kil).

	1880	1881
Etats-Unis de l'Amérique du Nord.	166,463	185,297
Allemagne.	94,200	104,153
France	57,720	61,780
Autriche.	31,428	36,000
Belgique	22,753	25,361
Grande-Bretagne.	14,732	14,478

La Russie, de tous les pays d'Europe, est celui où l'on consomme le moins de café : 8,000 tonnes

Règle générale : là où règne l'horrible *mastroquet*, semeur de *delirium tremen*
il n'y a pas d'établissements de café. Le domaine du mazagran finit là où commen
celui des *perroquets*.

Les sociétés contre l'abus des boissons alcooliques devraient être les premièr
à réclamer la diminution des droits d'entrée qui pèsent sur le café en France
ailleurs.

Les vitrines des magasins ne contiennent aucun échantillon du Brésil, et cepe
dant ce pays exporte, à lui tout seul, plus que tous les pays producteurs réunis. L
production totale du café du monde entier était estimée, en 1878, à 491 million
de kilogrammes. Celle du Brésil seul était de plus de 250 millions de kilos! ')

métriques par an. La Suisse, qui est un très petit pays, en consomme 11,000. La consommation
Russie est de moins de 0 kil. 100 gr. par habitant.

Le *Novos Vremia* de St-Pétersbourg, en annonçant, il y a quelques mois, l'intention du *Cer*
de l'Agriculture et du Commerce de Rio de faire une exposition de cafés en Russie, ajoutait ceci
«La statistique du café montre un excédant de la production sur la consommation, et cela prouve q
les prix élevés que nous payons pour cet article nous sont imposés artificiellement. Cette exagérati
des prix est due à l'action des intermédiaires étrangers qui envoient sur nos marchés les cafés
Brésil sous les noms supposés de Java, Moka etc.»

Les droits d'entrée du café en Russie, qui étaient de 1 rouble 65 copecs par poud, ont é
élevés dans le tarif du 1ᵉʳ juin 1882 à 2 roubles 50 copecs, payables en or *(Rapport du Minis*
du Brésil en Russie, BARON D'ALMANDRA, *au Ministre des Finances du Brésil).*

Voyons maintenant quels sont les droits d'entrée, en monnaie française, et la moyenne a
nuelle, en kilogrammes, de la consommation par habitant dans quelques pays, en commençant p
la France, où les droits sur le café sont exorbitants :

	Fr. Cent.		Kil.
France	156,00 par cent kilogrammes.	Consommation	1,46 par habitant
Russie	61,08 » »	» »	0,10 » »
Allemagne	50,00 » »	» »	2,47 » »
Autriche	37,50 » »	» »	1,05 » »
Belgique	13,20 » »	» »	5,40 » »
Suisse	3,00 » »	» »	3,60 » »
Hollande	en franchise »	» »	8,12 » »
Etats-Unis.	» » »	» »	3,50 » »

') Nous avons fait remarquer déjà que la production totale annuelle du café est aujourd'h
de 666 millions de kilogrammes, dont 360 millions produits par le Brésil et 306 millions par tous l
autres pays réunis.

III.

LES EXPOSITIONS DE CAFÉ BRÉSILIEN.

LA «SOCIÉTÉ CENTRO DA LAVOURA E DO COMMERCIO.»

Sommaire. — La Société *Centro da Lavoura e do Commercio* [1]. — Noms des membres du conseil d'administration. — But de l'association. — Les expositions de café à Rio de Janeiro par le *Centro da Lavoura e do Commercio*, en 1881, 1882, 1883. — Propagande à l'étranger. — Expositions de cafés brésiliens en Amérique et en Europe. — Récompenses obtenues.

Le dégrèvement n'est pas l'unique moyen de rendre aux cafés du Brésil leurs prix vraiment rémunérateurs, en étendant et en multipliant la consommation de cette denrée alimentaire de premier ordre et de première nécessité.

Il en est un autre d'une efficacité presque égale, qui, jusqu'à ces derniers temps, avait été totalement négligé : nous voulons parler des *Expositions* et des *Bourses* de café.

Il est évident, en effet, que pour répandre un produit, il faut avant tout le faire connaître.

Or, chose vraiment incroyable, le café brésilien, qui, en 1881, fournissait la moitié de la consommation du monde entier (300 millions de kilogrammes), le café brésilien n'était connu nulle part sous son véritable nom !

On consommait du café brésilien sans le savoir. L'Europe pour sa part en absorbait 2,135,412 sacs de 60 kilog. Aucune de ces sortes ne portait la marque

---

[1] Le *Centro da Lavoura e do Commercio—Cercle de l'Agriculture et du Commerce—*est une association jeune et puissante dont les membres représentent, par leurs maisons de commerce à Rio-de-Janeiro et par leurs établissements agricoles dans la zone caféière, des intérêts d'une importance considérable.

Le président est un des plus riches agriculteurs du Brésil, le *Vicomte de S. Clemente*, frère et associé du très sympathique *Vicomte de Nova-Friburgo*, tous deux Grands de l'Empire et chambellans de S. M. L'IMPÉRATRICE.

Le vice-président est le commandeur *Ramalho Ortigão*, négociant en café à Rio-de-Janeiro, esprit très éclairé, homme énergique et très dévoué aux intérêts de l'agriculture.

Les secrétaires sont M. *Honorio Ribeiro*, un des plus illustres avocats de Rio-de-Janeiro, et M. *H. Joppert*, riche négociant.

Le trésorier est le jeune *baron de Quartin.*

Les autres membres du conseil d'administration sont : MM. le *baron d'Araujo-Ferraz, Edouard de Lemos* (le même qui a organisé la belle exposition brésilienne d'Amsterdam), *Miranda Jordam, Araujo Maia* (commissionné pour la présente exposition de cafés en Russie), *Mello Franco, Valverde de Miranda* et *Bruno Ribeiro*, tous grands agriculteurs ou grands négociants.

authentique du producteur d'origine, et rien ne pouvait révéler la provenance de ce café.

Plusieurs des sortes de San-Paulo sont présentées dans le commerce comme des Malabar, des Mysore et des Bangalore.

Les cafés brésiliens décortiqués passent pour des provenances du Guatémala.

Le *Capitania* du Brésil remplace avantageusement le café du Haïti.

Les cafés lavés de Rio et de Santos sont vendus couramment pour des cafés de Laguayra et de la Martinique.

Les lavés supérieurs affichent bien souvent la marque de la Jamaïque, et les qualités moyennes se vendent tous les jours comme des Manilles indiscutables.

Pour mettre ordre à cet état de choses, pour empêcher la fraude du marché de gros et de détail, pour propager de plus en plus la consommation des cafés brésiliens, et enrayer la baisse persistante des prix, le ministre de l'agriculture, du commerce et des travaux publics, conseiller Buarque de Macedo [1]), réalisa une combinaison qui paraît assurer d'excellents résultats.

Au mois de juin 1881, l'intelligent ministre consulta quelques notables négociants et quelques agriculteurs influents au sujet des mesures à prendre pour conjurer ou atténuer la crise.

Des conférences furent organisées.

Le *Centro da Lavoura e do Commercio*, qui correspond à peu près à notre Société d'Agriculture, se fit représenter à ces conférences.

Ce cercle est composé d'hommes très versés dans les questions agricoles et économiques du pays.

Le *Centro da Lavoura e do Commercio* étudia sans retard la question qui lui était soumise par le ministre.

Il s'agissait de résoudre ce problème:

Quels sont les moyens les plus efficaces à employer pour améliorer la situation actuelle du marché de café du Brésil, au point de vue du développement de la consommation?

Le *Centro* arrêta les dispositions suivantes, qu'il soumit au ministre le 15 juillet 1881:

— Tous les ans, pendant le mois d'octobre ou de novembre, il se tiendra à Rio-de-Janeiro une exposition générale de café brésilien, comprenant surtout les provenances de Rio, Minas-Geraes, San-Paulo et Espirito-Santo.

— Le Gouvernement Impérial accordera le transport gratuit et autres faveurs aux produits destinés à l'exposition.

— Une exposition de dessins et de modèles de machines agricoles sera annexée à l'exposition de café.

— Pendant la durée de l'exposition, des conférences seront faites sur des questions économiques relatives au café.

---

[1]) Décédé en 1881.

— Les Compagnies de chemins de fer accorderont des places à prix réduits aux personnes qui désireront visiter l'exposition.

— Après la clôture de chaque exposition annuelle, les échantillons exposés seront divisés par séries et *envoyés en Europe et dans l'Amérique du Nord*, afin d'y être exposés par les soins des consuls brésiliens.

C'était décréter du même coup des expositions nationales et internationales.

Le ministre approuva ces sages mesures, et le 14 novembre 1881 la première exposition de café du Brésil avait lieu à Rio-de-Janeiro.

Une commission d'organisation fut nommée par le *Centro da Lavoura e do Commercio*.

L'exposition se tint dans les salons de l'Imprimerie Nationale.

L'Empereur, qui s'intéresse avec tant de sollicitude à tous les progrès et à tous les développements économiques de son pays, inaugura lui-même cette belle exposition.

Les produits occupaient quatre salons.

Dans le salon d'honneur, une collection de cafés méthodiquement classés renseignait le visiteur sur l'histoire du travail, et les nombreuses transformations que subit le produit avant d'être livré à la consommation.

Des salles à côté contenaient 1,145 échantillons divers envoyés par un millier d'exposants des différentes provinces de production. 574 échantillons provenaient de la province de Rio-de-Janeiro; 371 appartenaient à celle de Minas-Geraes; 130 avaient été expédiés de San-Paulo; 18 de Espirito-Santo; 52 de provenances diverses.

Enfin, dans le quatrième salon se trouvaient les cafés étrangers qui devaient servir de point de comparaison aux planteurs brésiliens.

Or, toutes les personnes compétentes qui ont visité cette exposition, et qui ont étudié les différents échantillons qu'elle contenait, sont arrivées à cette conclusion:

« Les cafés du Brésil présentent *une diversité, une variété* que l'on ne rencontre dans aucun autre pays producteur; les meilleures sortes peuvent être *comparées aux qualités les plus estimées des autres pays*; il ne manque aux cafés brésiliens que quelques soins matériels d'ensachement pour leur assurer sans conteste le premier rang ».

Voici en quels termes le *Jornal do Commercio*, de Rio, résumait ses appréciations:

« Sauf le café de Moka, cultivé sur une zone tout à fait limitée, et presque introuvable en Europe, les cafés étrangers qui se trouvent exposés ne surpassent pas les produits brésiliens comme qualité[1]. »

---

[1] Le café Moka a été découvert, dit-on, en 1285. Deux siècles après, la culture des caféiers de cette espèce s'est développée à l'Yémen, et elle s'étend aujourd'hui sur les versants des montagnes qui bordent la vaste plaine de 220 kilomètres d'étendue le long de la mer Rouge, où se trouvent les villes de Beih-el-Fakih et Moka.

La production annuelle de l'Yémen est estimée à 5 millions de kilogrammes. L'Egypte, la Syrie et Constantinople en consomment la plus grande partie. Le vrai Moka n'arrive en Europe qu'en très petite quantité.

Nous pouvons ajouter : — ni comme quantité.

L'exposition de 1882, qui s'est ouverte le 22 octobre, contenait une variété de produits et d'échantillons supérieure à celle qui avait été envoyée l'année précédente par les mêmes provinces.

On y comptait plus de 1,500 sortes.

L'exposition a été close le 24 novembre. On a constaté dans cette seconde exposition quelques perfectionnements dans les cafés et dans les méthodes d'ensacher [1]).

A la suite de la première exposition de 1881, le *Centro da Lavoura* s'est empressé de mettre à exécution la seconde partie de son programme.

Il a décidé qu'une partie des produits ayant figuré à l'exposition de Rio-de-Janeiro serait envoyée à l'étranger, pour y être exhibée de nouveau.

Cette exposition internationale ambulante et nomade devait avoir lieu à Paris, Berlin, Vienne, Londres, New-York, Montréal et Buenos-Aires.

Chacun des consuls brésiliens établis dans ces capitales de l'Europe et de l'Amérique du Nord a reçu 200 sacs de 50 kilogr., afin d'organiser ces expositions dans son district consulaire.

C'est le Baron d'Ibiramirim, consul-général du Brésil à Londres, qui a eu l'honneur d'inaugurer le premier, et en partie à ses frais, ces expositions partielles.

Dès le mois d'avril 1882, il exposa au Palais-de-Cristal, de Sydenham, les produits de son pays.

Les Anglais ont pu apprécier ainsi ce qu'est et ce que vaut le café brésilien.

Presque à la même époque, le consul-général à Liverpool informait son gouvernement, dans un rapport très étendu et très étudié, de l'état de la consommation du café dans la Grande-Bretagne et dans les autres pays de l'Europe.

En juin 1882, M. Salvador de Mendonca, consul-général du Brésil aux États-Unis, installait une exposition de cafés à New-York. Les États-Unis consomment une grande partie des provenances brésiliennes. C'est à New-York, en effet, que se concentre maintenant la concurrence tout entière du café du Brésil, de l'Amérique Centrale, du Vénézuéla, du Mexique, où une Compagnie américaine nouvellement formée, sous la direction de capitalistes et de négociants, commence déjà à exploiter d'énormes terrains plantés de caféiers, dans l'Etat de Colima. Il y a quelques années, c'était Baltimore qui avait presque le monopole des cafés du Brésil, lesquels sont encore ceux qui forment, jusqu'à présent, la plus grande partie de la consommation des États-Unis. Mais, depuis plusieurs années, l'importation de ces cafés s'est reportée et con-

---

[1]) La troisième exposition annuelle de cafés faite à Rio-de-Janeiro par le *Centro da Lavoura e do Commercio* a été ouverte le 8 décembre 1883 en présence de SA MAJESTÉ L'EMPEREUR. Plus de 2,000 échantillons de cafés des provinces de Rio-de-Janeiro, St-Paulo, Minas, Espirito Santo e Ceara, ont été présentés par 1,400 exposants.

rentrée à New-York, comme cela s'est fait peu à peu pour tous les genres d'importations, lesquels sont répartis ensuite, des entrepôts de la métropole, sur tous les États-Unis, le Canada et même en Europe.

Dès le mois de mars 1882, le consul-général du Brésil fournissait aux principaux importateurs de café brésilien à New-York les renseignements les plus précis sur la situation actuelle et future du principal produit agricole de son pays. Il arrêtait, de concert avec ces négociants, la création d'une Bourse de cafés.

La Bourse a été constituée par 112 importateurs et négociants. Le consul-général du Brésil était naturellement un des premiers invités à la cérémonie d'inauguration, qui se passa très-brillamment, dans les bureaux de la nouvelle Bourse, situés au centre du quartier des affaires. On décida de ne s'occuper, dans le principe, que des cafés dits „Rio“, et on ouvrit les opérations en affichant deux bulletins reçus, par câble, de Rio-de-Janeiro, et indiquant l'état du marché dans la capitale brésilienne.

Au Canada et à Trieste les consuls du Brésil, et à Berlin la *Société Centrale de Géographie Commerciale*, ont organisé aussi des expositions de café brésilien très réussies.

A Buenos-Ayres, pendant l'Exposition Continentale, le café brésilien a obtenu un plein succès et a mérité les plus hautes distinctions.

Paris, enfin, la capitale *du goût*, vient d'être appelée à apprécier les cafés du Brésil.

C'est le consul-général du Brésil en France, M. Maciel da Rocha, qui a été chargé de procéder à l'exposition de 200 sacs d'échantillons que lui a expédiés le *Centro da Lavoura e do Commercio*.

Sur la demande du Baron d'Itajubà, chargé d'affaires du Brésil près le gouvernement de la République Française, le gouvernement français a permis que le café destiné à l'exposition entrât en franchise, sauf à acquitter les droits s'il était consommé en France. De même, le gouvernement français a mis gracieusement à la disposition du consulat les salons du premier étage du Palais de l'Industrie, pendant la durée du Concours Agricole du mois de janvier 1883. [1])

---

[1]) Pour cette exposition de café, à PARIS, la *grande médaille d'or* du *Concours Agricole annuel* a été décernée le 16 février 1883 à la société *Centro da Lavoura e do Commercio*, et dans cette même année 1883 les cafés du Brésil obtenaient à l'EXPOSITION INTERNATIONALE d'AMSTERDAM un triomphe encore plus éclatant. Dans cette ville, qui est le grand entrepôt des cafés hollandais, si estimés en Europe, le *Centro da Lavoura e do Commercio* a obtenu pour son exposition de cafés un *grand diplôme d'honneur*, récompense qui n'a été décernée à aucun café d'autre provenance. Outre ce grand diplôme le jury a accordé 6 médailles d'or, 11 d'argent, 15 de bronze et 15 mentions honorables à des planteurs brésiliens, et le gouvernement hollandais a envoyé au Brésil un délégué, M. van Delden, pour y étudier la culture du café.

A l'EXPOSITION DE BERLIN (1882), réalisée sous les auspices de la *Société Centrale de Géographie Commerciale*, de Berlin, le *Centro da Lavoura e do Commercio* et un planteur de la province de St-Paulo ont obtenu la plus haute récompense, le *grand diplôme d'honneur*. Sept grands diplômes, neuf diplômes et cinq mentions honorables ont été accordés aux exposants de cafés brésiliens. Le même succès a

Nous espérons que cette première exposition de café brésilien à Paris contribuera plus que toute autre à l'appréciation et à la diffusion de cet excellent produit.

Nous serions heureux de voir les importateurs français se porter de préférence sur le café brésilien, qui par sa qualité et la modicité relative de ses prix peut mieux que ses concurrents satisfaire à la consommation des gourmets les plus exigeants.

Si, en outre, cette exposition modeste avait pour résultat de créer dans Paris quelques établissements de dégustation, et de décider nos législateurs à alléger les droits qui pèsent sur cette denrée, nous aurions la conscience d'avoir accompli une œuvre véritablement utile aux deux pays latins, qui ne doivent pas seulement vivre d'amitié, mais de bon café!

été obtenu par le café du Brésil aux concours internationaux où il a figuré: aux Expositions Universelles de 1867 et 1879 à Paris, de 1873 à Vienne, 1876 à Philadelphie et 1882 à l'Exposition Continentale de Buenos-Ayres. A Paris, en 1867, le jury international a décerné la *médaille d'or* au café brésilien, et n'a accordé aucune récompense égale aux cafés des autres provénances. A Vienne, à Philadelphie, partout, nos cafés ont obtenu les plus hautes récompenses. Voici les expositions réalisées depuis 1882 à l'étranger par le *Centro da Lavoura e do Commercio*:—New-York, Boston et St-Louis aux Etats-Unis; Quebec, Toronto et Montréal, au Canada; Buenos-Ayres; Londres; Paris, Nice, Agen, et Villeneuve-sur-Lot, en France; Genève, Lausanne, Zurich, Amsterdam, Berlin, Copenhague, Drondjem, Vienne, Trieste, Athènes, et, maintenant, celle de St-Pétersbourg.

STATISTIQUE DU CAFÉ. — PRIX A RIO.

Nous donnons sous ce titre quelques renseignements qui pourront être utiles aux négociants.

St-Pétersbourg, ⁷/₁₉ mai 1884.

A) Production du Café.

(Les chiffres ci-dessous indiquent: pour le Brésil les *exportations*, pour les autres pays la production).

Brésil	Rio	260,000,000	kilogrammes	
	Santos	105,000,000	„	
	Bahia	9,000,000	„	376,000,000 kil.
	Ceara	2,000,000	„	
		376,000,000	„	
Possessions Hollandaises.	Java	85,000,000	kilogr.	
	Sumatra	8,000,000	„	
	Célèbes (Macassar, Manado)	6,000,000	„	100,000,000 „
	Curaçao	500,000	„	
	Surinam	700,000	„	
		100,200,000	„	
Possessions Anglaises.	Ceylan	20,000,000	kil.	
	Malabar et Singapour . .	22,000,000	„	47,000,000 „
	Antilles (Jamaïque, etc.)	5,000,000	„	
		47,000,000	„	
Amérique Centrale		45,000,000		
Vénézuéla		40,000,000		
	A Reporter. . .	608,000,000		

	Report. . . . 438,000,000 kil.
Haïti	30,000,000
Porto-Rico (possession espagnole).	7,000,000
Manilla „ „	4,500,000
Colombie	7,600,000
Mexique	1,900,000
Loanda (colonie portugaise)	1,300,000
St-Thomas et Principe (Golfe de Guinée) (col. portugaise).	1,300,000
Cap-Verde (Iles de) (colonie portugaise)	150,000
Equateur (République de l')	500,000
Guadeloupe (possession française).	800,000
Bourbon „ „	600,000
Martinique „ „	150,000
Autres pays	7,000,000
	670,800,000

La moyenne de la production annuelle du café est donc aujourd'hui de 670,000,000 kilogrammes ainsi répartis, en nombres ronds:

CAFÉS DU BRÉSIL (exportés) 360 MILLIONS DE KILOG. = 22 MILLIONS DE POUDS

CAFÉS DE TOUTES LES AUTRES PROVENANCES 300 „ „ „ = 18 „ „ „

660 MILLIONS DE KILOG.   40 MILLIONS DE POUDS

B) Production et Consommation.

selon MM. Busch et C° du Havre

PRODUCTION (TONNES DE 1,000 KILOG).

		1880-81.	1881-82.	1882-83
Brésil	Rio	254,000	228,000	265,000
	Santos	71,000	90,000	108,000
	Bahia, Cearà	12,000	11,000	12,000
		337,000	329,000	385,000
Ceylan		22,000	28,000	13,000
Java		82,000	87,000	88,000
Padang		8,000	7,000	7,000
Macassar		6,000	8,000	8,000
Singapour		4,000	4,000	4,000
Malabar et Manille		18,000	20,000	15,000
Amérique Centrale		40,000	45,000	42,000
Porto-Rico et Youco . . .		23,000	20,000	22,000
Moka et Afrique		9,000	9,000	9,000
La Guayra		45,000	55,000	49,000
Haïti		30,000	25,000	30,000
		624,000	637,000	672,000

	1880-81.	1881-82.	1882-83.
Consommation	595,000	632,000	627,000
Stocks fin Décembre 132,000 .	161,000	166,000	211,000

STATISTIQUE DES CAFÉS DU BRÉSIL.

C) Exportation des Cafés de Rio et Santos (Brésil).

	1882. sacs de 60 kilos.	1883. sacs de 60 kilos.
Cafés de Rio.		
Pour les Etats-Unis de l'Amérique . . .	2,459,132	2,314,650
„ le Nord de l'Europe	943,214	724,986
„ la Méditerranée.	372,487	307,507
„ les autres ports	425,757	307,368
	4,200,509	3,654,511
Cafés de Santos	1,936,500	1,898,638
Total des exportations de Rio et Santos .	6,137,090 sacs.	5,553,149 sacs.
En kilogrammes	368,225,400 kilos.	333,188,940 kilos.
	sacs de 60 kilos.	sacs de 60 kilos.
Stock à Rio le 31 Décembre	203,000	395,000
„ à Santos	158,000	292,000

STATISTIQUE DES CAFÉS DE RIO.

D) Dernières récoltes.

(1er Juillet au 30 Juin.)

1862-63 . .	1,736,923 sacs		1877-78 . .	2,632,746 sacs.
1872-73 . .	3,040,062 „		1878-79 . .	3,705,830 „
1873-74 . .	2,067,493 „		1879-80 . .	2,990,058 „
1874-75 . .	3,205,567 „		1880-81 . .	4,401,627 „
1875-76 . .	2,889,990 „		1881-82 . .	3,926,372 „
1876-77 . .	2,781,642 „		1882-83 . .	4,556,372 „

(Sacs de 60 kilogrammes.)

5

E) Exportations de Rio.

Sacs de 60 kilogrammes.

(1er Janvier au 31 Décembre.)

Années.	Europe, etc.	Etats-Unis.	TOTAL.
1800 . .	10	—	10
1860 . .	1,416,312	1,408,845	2,825,157
1861 . .	1,626,841	907,293	2,533,534
1862 . .	1,346,266	473,390	1,819,656
1863 . .	1,195,553	456,706	1,652,259
1864 . .	1,140,540	671,389	1,811,929
1865 . .	2,333,504	863,960	3,197,464
1866 . .	1,339,892	1,928,743	2,368,635
1867 . .	1,754,374	1,501,606	3,255,980
1868 . .	1,368,800	1,404,129	2,772,929
1869 . .	1,613,415	1,526,374	3,139,789
1870 . .	1,024,473	1,680,269	2,704,742
1871 . .	1,227,782	1,656,844	2,884,626
1872 . .	1,077,158	1,383,193	2,460,351
1873 . .	1,007,909	1,435,800	2,433,709
1874 . .	1,151,782	1,521,499	2,673,281
1875 . .	1,110,301	2,041,995	3,152,296
1876 . .	1,317,498	1,448,424	2,765,922
1877 . .	1,136,482	1,710,073	2,846,555
1878 . .	1,360,816	1,670,383	3,031,199
1879 . .	1,251,638	2,283,545	3,535,183
1880 . .	1,676,197	1,886,857	3,563,054
1881 . .	2,135,442	2,241,976	4,377,418
1882 . .	1,.41,458	2,459,132	4,200,590
1883 . .	1,339,861	2,314,650	3,654,511

F) Prix extrêmes du café de Rio.

En *reis* par 10 kilogrammes. 1 franc, au pair = 365 reis. Au change actuel 1 franc = 456 reis.

ANNÉES.	LAVÉ.	SUPÉRIEUR.	1er BON.	1er REGULAR.	1er ORDINAIRE.
1882.	3.250 à 6.100	3.450 à 4.750	3.200 à 4.350	2.800 à 3.950	2.400 à 3.600
1883.	3.250 à 7.500	3.750 à 4.600	3.450 à 5.650	3.050 à 5.400	2.650 à 5.100

G) STATISTIQUE DES CAFÉS DE SANTOS.

Production moyenne, environ 2 millions de sacs, soit 120 millions de kilogrammes.

EXPORTATION DE SANTOS (sacs de 60 kilos).

1873	. .	542,569	1878	. .	999,007
1874	. .	666,943	1879	. .	1,210,172
1875	. .	826,382	1880	. .	1,042,246
1876	. .	754,993	1881	. .	1,204,198
1877	. .	628,903	1882	. .	1,526,486
			1883	. .	1,898,638.

DESTINATION DU CAFÉ EXPORTÉ EN 1882:

Canal et Angleterre . 244,801 sacs	Méditerranée . . . 125,481 sacs
France, Belgique et	Hambourg et Brême . 348,500 »
Hollande . . . . 564,346 »	Etats-Unis . . . . 233,308 »
Lisbonne à l'ordre et	Rio et cabotage . . . 10,050 »

H) Importation de café en Russie [1]).

1877	. . .	287.038 pouds, soit	4,701,682 kilogrammes
1878	. . .	417,221 »	» 6,734,060 »
1879	. . .	472,448 »	» 7,638,698 »
1880	. . .	500,064 »	» 8,191,048 »
1881	. . .	424,431 »	» 6,952,180 »
1882	. . .	508,877 »	» 8,331,334 »
1883	. . .	387,141 »	» 6,338,272 »

Droits d'entrée, d'après le tarif du 1ᵉʳ juin 1882: 2 roubles 50 copecs (dix francs) par poud = 61 fr. 10 centimes par 100 kilogrammes.

---

[1]) Voir à la note pages 47—48 des renseignements qui c omplètent ceux-ci.

I) PRIX-COURANTS DU CAFÉ DU BRÉSIL A RIO-DE-JANEIRO.

Avril 1884.

Prix en *reis* (monnaie brésilienne), en *francs* et en *roubles papier*, calculés a
change de . . . . { 1 franc = 456 reis.
{ 1 rouble = 1,140 „

PAR 100 KILOS:

	Reis.	Francs.	Roubles.
Lavado (lavé)	43.000 à 59.000	94.30 à 129.38	36.83 à 50.5
Supérieur	49.000 „ 51.000	107.45 „ 111.85	41.97 „ 43.6
1ᵃ Bon	47.000 „ 48.000	103.07 „ 105.26	40.26 „ 41.1
„ *Régular* (moyen) . . .	44.000 „ 45.000	96.49 „ 98.68	37.67 „ 38.5
„ *Ordinaire*	40.500 „ 42.500	88.81 „ 93.20	34.68 „ 36.4
2ᵐᵃ Bon	37.000 „ 39.000	81.14 „ 85.53	31.69 „ 33.4
„ *Ordinaire*	34.000 „ 36 000	74.56 „ 78.93	29.12 „ 30.8

N.-B. Le café dit *Moka* (perle) n'est pas coté officiellement. Il est vendu d'or
dinaire dans les prix du café supérieur et un peu au-dessus.

Le café paye au Brésil un droit d'exportation de 11 % calculé sur la moyenn
de 450 reis par kilogramme.

Fret de Rio à Hambourg 30 shellings à 50 shellings par tonne.

Fret de Rio à Hambourg en 1883:

Janvier	50 shellings à 30	Juillet	20 shellings à 25
Février	25 „ „ 30	Août	20 „ „ 30
Mars	30 „ „ 35	Septembre . . .	25 „ „ 30
Avril	35 „ „ 40	Octobre . . .	25 „ „ 30
Mai	35 „ „ 40	Novembre . .	25 „ „ 35
Juin	30 „ „ 35	Décembre . .	25 „ „ 35

Frais de transport de 1,000 kilogrammes de café de Hambourg à St-Péters
bourg:

Par bateau à vapeur, directement . . . . Roubles 7.3
 „ „ via Réval, et de là par chemin de fer . „ 23.0
Directement par chemin de fer . . . . „ 89.0

Droits d'importation en Russie: — Francs 61.10 par 100 kilogrammes, soi
Roubles 2.50 par poud (10 francs).

Stock: — à Rio . . . . . 475.000 sacs de 60 kilogr.
 „ „ Santo . . . . 350.000 „ „

.J) MAISONS D'EXPORTATION A RIO ET SANTOS¹).

Maisons qui ont exporté des cafés en 1883:

De Rio-de-Janeiro:

	Sacs exportés
Hard Raud & C.	346,286
Phipps Irmãos & C.	331,684
Edward Johnston & C.	271,946
Borla, Cutrim & C.	266,325
Mc. Kinnel & C.	259,181
Arbuckle Irmãos & C.	230,226
Norton, Megaw & C.	201,740
John Bradshaw & C.	182,065
Francisco Clemente & C.	169,293
F. Sauwen & C.	133,708
Willic Schmilinsky & C.	114,105
C. M. Culloch Beecher & C.	99,541
Gustavo Trinks & C.	94,686
Kern, Hayn & C.	61,800
Le Cocq, Oliveira & C.	60,493
Karl Valais & C.	57,887
C. W. Gross & C.	53,270
E. Pecher & C.	52,269
Mac, Allen & Darcy	50,429
J. S. Zenha & C.	42,809
Guyo, Mattos & C.	41,904
William Ford & C.	39,201
Hamann & C.	38,758
P. S. Nicolson & C.	34,924
A. Leuba & C.	30,996
William Hector & C.	29,783
Matthew Riedekareken & C.	28,207
J. B. Doane & C.	26,200
Pradez & Filhos	24,747
Fiorita & Tavolara	22,511
C. Castello Branco & C.	21,959
Watson Ritchie & C.	17,002
E. Cresta & C.	16,531
G. Potey, Rabert & C.	14,362
C. de Vincenzi, Oliveira & Campos	12,525
Faria Cunha & C.	11,350
Trinks, Munch & C.	11,175
Mendes de Oliveira & C.	11,112
Leonel de Carvalho & C.	8,898
Monteiro Hime & C.	8,008
Arthur de Azevedo & C.	6,516
L. Smith de Vasconcellos	6,300
A. Lehériey & C.	5,686
Alvaro Moreira & C.	5,092
Viuva Leone, Miranda & C.	4,957
A. M. de Siqueira & Irmãos	4,609
John Petty & C.	4,000

	Sacs exportés
Ramos, Varzim & C.	3,738
Luiz Zignago	3,607
Duvivier & C.	3,541
Joseph Fry & C.	3,515
Almeida & Castro	3,410
J. F. Martins	2,912
Edward Ashworth & C.	2,898
A. R. da Fonseca Marques	2,824
Ramos Soares & Cardoso	2,754
Frias Irmãos	2,467
Carneiro Irmão & C.	2,178
Duarte Prado & C.	2,174
Bastos, Cunha & C.	2,000
J. F. Correia	2,000
Samuel Irmãos & C.	1,969
Teixeira de Castro & Malafaia	1,815
José Romaguera	1,783
Rebello & Silva	1,777
A. C. Correia Bastos	1,685
Teixeira Ferraz & Pinto	1,307
Mansell & Carré	1,301
Leandro Sanchez	1,270
Finnie Irmãos & C.	1,250
Bastos, Cunhados & C.	1,185
Soares, Quartim, Torres & C.	1,111
H. Rogers & Sons	1,054
Manoel Cardoso da Silva	890
J. N. de Vincenzi & Filho	878
E. Gomes de Oliveira & C.	756
Manoel Pereira Sampaio	753
Julio Gleck	675
A. Xavier Leite	600
J. J. dos Reis & C.	600
R. do Couto & C.	588
Arens Irmãos	544
Almeida Boa & Braga	500
Carregal & Bastos	500
A. F. de Souza Bastos	436
J. Berg	400
J. J. Nogueira	319
Backeuser & Meyer	301
Max Nothmann	300
Simeão Maure	300
Sebastião Pinto	300
Hall & Bellamy	277
A. L. Pereira da Silva	262
J. de Souza & C.	245
Ribeiro Fonseca & C.	239
Leivas & Saraiva	219

¹) Revue Commerciale de l'année dans le *Jornal do Commercio* du 9 janvier 1884.

	Sacs exportés.
John Moore & C.	200
Hartwig Willumsen & C.	200
Wenceslao Guimarães & C.	188
Nowlands Irmãos & C.	181
Joseph Julien	172
Affonso de Carvalho & C.	167
J. J. Martins Coelho	164
P. Pereira Junior & Ricoes	145
F. Alves Barbosa	121
J. Rego & C.	116
Lopes da Sá & C.	106
Pinto Moreira & C.	100
G. J. Beuttenmuller	82
Teixeira Bastos & C.	60
J. Marques	51
A. J. L. de Andrade	51
José Tozzi	51
Cosme Prioli	50
J. C. da Silva Vianna	45
Borch & C.	40
Lima Junior & Queiroz	40
A. Pereira Amares	38
C. F. Cathiard	33
M. W. Lengruber	33
Jean da Silva-Leal	32
M. F. Garcia Rodondo	26
Manoel J. da Costa	21
Coulon	20
Roxo & Lemos	20
Kern Petersen & C.	10
B. C. Quadros	10
J. Huber	3
A. Rezard	3
Richard Riechers & C.	2
Haupt Gebruder	2
J. Martin	1
Autres maisons	16,518
Total	3,604,511

De Santos.

	Sacs exportés.
R. Wursten & C.	249,511
J. Bradshaw & C.	159,499
Carmo & C. (en liquidation)	142,589
A. Leuba & C.	122,470
Helworthy & Filho	116,399
Adamezyk & Heinrich	114,686
Auburckle Brothers	105,457
Zerremer Bulow & C.	88,925
D. Pezold & C.	87,581
Guye Mattos & C.	80,196
Lecoq, Gardner & C.	73,114
Boettner, King & C.	65,344
Kern, Hayn & C.	63,217
Th. Ville & C.	61,109
Ad. Fremmel & C.	56,105
T. Sauwen & C.	47,943
H. Sauwen & C.	36,226
J. Foord & C.	36,213
Vockerodt & C.	32,802
Berla Cotrim & C.	25,297
Mathias Costa & Santos	22,571
Edw. Johston & C.	19,317
M. A. Bittencourt	18,418
Mc. Kinnel & C.	15,197
F. Kraeger	10,444
F. S. Hampshire & C.	7,190
D. Leonero & C.	5,842
Autres maisons	13,694
Rio et cabotage	21,256
Total	1,898,638

OPINIONS DE QUELQUES SAVANTS SUR LE CAFÉ.

LE GÉNÉRAL MORIN, *Directeur du Conservatoire des Arts et Métiers* de Paris:

„*Tous les hygiénistes sont aujourd'hui d'accord pour reconnaitre les propriétés salubres et stimulantes du café, et pour désirer qu'il prenne une place de plus en plus importante dans l'alimentation.* L'expérience des dernières guerres, et surtout celle de notre armée d'Afrique, ont tellement montré les avantages de l'emploi de cette substance tonique que son usage est devenu réglementaire dans les armées, lorsque le soldat est exposé à des fatigues ou à des causes spéciales d'insalubrité. Tout ce qui peut contribuer à développer l'usage, à accroître la consommation du café, comme substance alimentaire, présente donc un intérêt spécial au point de vue de l'hygiène publique....

„En résumé, en dehors des cafés d'Arabie, de la Martinique et de la Réunion, qui n'entrent réellement ensemble que pour moins de 0,04 dans la consommation de la France, *ce sont les cafés du Brésil qui méritent la préférence de notre commerce, non-seulement à cause des soins avec lesquels ils sont récoltés, mais encore par leur bonne qualité.*„

> (*Note sur diverses variétés de Café,*
> *par M. le général Morin, dans les An-*
> *nales du Conservatoire des Arts et Métiers*
> *de Paris.*)

M. COLLIMAN, de *l'Economiste:*

«Le Café brésilien est sans contredit un des meilleurs..... La spéculation eut recours au subterfuge et s'enrichit du café brésilien, qu'elle fit écouler tantôt sous le nom de Moka, Martinique, tantôt sous celui de Ceylan, Java, Réunion. L'expédient réussit, car les qualités du produit s'y prêtaient à merveille, et ce qui parle encore plus en sa faveur c'est qu'il alla disputer avec avantage le terrain même au café de l'Yémen, au cœur de sa production et de son commerce même.»

Le professeur Agassiz, des Etats-Unis:

«Grâce à leur persévérance et aux conditions favorables résultant de la constitution du sol, les Brésiliens ont obtenu une sorte de monopole du café. Plus de la moitié de ce qu'on en consomme dans le monde est de provenance brésilienne. Et cependant le café du Brésil a peu de réputation, il est même coté à un prix inférieur. Pourquoi? Simplement parce qu'une *grande quantité des meilleures sortes produites dans les Fazendas brésiliennes est vendue sous le nom de Java, de Moka, de Martinique ou du Bourbon....*» [1])

(Agassiz, — *Voyage au Brésil*.)

Le Docteur Couty, dans la *Revue Scientifique* de Paris, 22 Avril 1882:

«La production du Café au Brésil est énorme. Les cafés du Brésil classés comme *bons* ou *supérieurs* rivalisent avec les meilleurs cafés de Ceylan, de Java, de l'Amérique Centrale et de la Martinique. Les qualités *moyennes* sont comparables aux cafés d'Haïti, de Manilla et de Ceylan.»

Le Rev. Docteur D. P. Kidder, dans son ouvrage *Brazil and the Brazilians* (Boston, 1879):

«Le café du Brésil, non-seulement dans cette Exposition Universelle (Philadelphie, 1876), mais dans celles de Paris et de Vienne, a obtenu les plus hautes récompenses. La plus grande partie du Moka qu'on vend en Angleterre, en France et aux Etats-Unis provient du Brésil.» [2])

Le Docteur Ernst Ludwig, Directeur du Laboratoire de Chimie de la Faculté de Médecine de Vienne: — «Le café du Brésil l'emporte sur les cafés d'autre provenance par la proportion de caféine qu'il contient. Il l'emporte sur le Ceylan *natif* et *plantation*, sur le café de la Martinique, d'Alexandrie, de Java, de Moka, de Cayenne, de St-Domingue. La proportion de caféine contenue dans le café brésilien varie entre 1.16 et 1.75 %.»

Le Dr Georges Pennetier, Directeur du Muséum d'Histoire Naturelle de Rouen:

«Certains cafés du Brésil ont un arome égal à celui de la Martinique. Le plus grand nombre de ces cafés suffisamment secs sont d'un goût franc très-agréable. Ils peuvent être acceptés par la consommation comme les équivalents du café de la

---

[1]) Voir ce passage intégralement réproduit page 31.
[2]) Voir à la note page 53 les récompenses obtenues par le café du Brésil aux différentes expositions depuis 1867.

mnion, et paraissent *supérieurs à tous les cafés provenant des autres contrées
l'Amérique.*"

Le D' Lucien Martin, dans le journal l'*Hygiène Pratique:*

„La suppression de l'alcool ne peut être décidée que s'il est remplacé par un
mide jouissant des mêmes propriétés et ne présentant pas les mêmes résultats
estes. Le café ingéré à une température élevée agit en outre par sa chaleur et
stège du froid les personnes qui peuvent y être exposées. De plus, le sucre que
i ajoute à cette boisson est un aliment respiratoire de premier ordre.

„Le café est véritablement indispensable aux troupes, non-seulement pour les
tenir, les exciter et les réchauffer, mais encore pour les préserver ou les guérir
ne maladie fréquente en campagne ou en marche, de la diarrhée, qui épuise et
t promptement le soldat le plus vigoureux. Le café est donc un agent d'hygiène
ventive, le meilleur de tous assurément. On se trouve aussi, grâce à lui, avoir
s la main un moyen d'action agréable et efficace contre les fièvres intermittentes,
ne sont que trop communes…"

Le D' Thérésopolis, au *4ᵐᵉ Congrès International d'Hygiène et de Démogra-*
e, à Genève (1882):

„… La vulgarisation du café est donc un élément de civilisation. Et l'on peut
er de la tempérance des habitants d'une contrée par la quantité de café qui se
somme en boisson.

„Pourquoi ne pas rendre obligatoire dans les maisons d'éducation l'usage du
noir après les repas? Boisson saine, et d'un parfum délicieux, très agréable au
, l'infusion de café est par ses éléments hydro-carbonés une excellente liqueur
iratoire. Par ses principes azotés, la caféine, sans être positivement nourrissante,
ve l'organisme; elle excite et aide puissamment les fonctions digestives. Le café
jamais les effets dépressifs, hyposténisants secondaires des alcooliques…"

INFLUENCE DU TEMPS SUR LE CAFÉ.

Le café se fait en vieillissant, comme le vin en bouteilles.
J. DUMONTIER.

Nous reproduisons ici un passage de l'intéressante *Note sur diverses variétés de café et en particulier sur les cafés du Brésil*, par le GÉNÉRAL MORIN, Directeur du Conservatoire des Arts et Métiers de Paris:

„Il en est des cafés bien récoltés de même que pour les vins, et surtout pour les vins généreux, *l'âge en améliore la qualité*, et, une fois qu'ils sont parvenus à un degré de siccité convenable, ils se conservent indéfiniment. On verra que nous en avons eu un exemple remarquable dans un échantillon parfaitement authentique, qu'une circonstance personnelle a mis à notre disposition, et qui provenait d'un présent fait, en 1829, à l'amiral de Riguy, après le combat naval de Navarin.

„Si, de même que le vin, le café n'acquiert ses qualités pour le consommateur que quand il a subi l'épreuve du temps, cette condition est aussi un obstacle à ce que le commerce le livre dans les meilleures conditions désirables. En effet, les cafés les plus secs, dont la couleur est, en général, jaune pâle, ont une densité gravimétrique, déterminée sans tassement, d'environ 500 grammes au décimètre cube, tandis que ceux qui ont une apparence verdâtre, et dont la récolte ne date pas de plus d'un à deux ans, pèsent en moyenne 680 grammes à 700 grammes, et parfois plus au décimètre cube. Or le café se vendant toujours au poids, le producteur et le commerce ont intérêt à le livrer nouveau ou vert, parce que le consommateur ordinaire ne voudrait pas payer la différence de prix correspondant à celle de la densité. Cela est si vrai, que les marchands des très-bons cafés de la côte d'Afrique, dits *moka de Zanzibar*, ne peuvent habituellement livrer que des cafés de deux ans au plus, au prix de 4 fr. 80 le kilogramme, et rarement à la densité de 500 grammes, parce que si les cafés étaient parfaitement secs, ils vaudraient plus de 6 fr. 50, en tenant compte de la perte par dessiccation et de l'intérêt de leur prix d'achat.“

CATALOGUE GÉNÉRAL

DE

L'EXPOSITION BRÉSILIENNE

À

ST-PÉTERSBOURG.

MAI 1884.

CAFÉS DU BRÉSIL.

(1,000 Echantillons.)

Nos d'ordre.	EXPOSANTS.	Districts où se trouvent les plantations.	Qualité. ')
	Province de Rio de Janeiro.		
1	Lauriano Rodrigues de Andrade	Parahyba	lavé bon, 2.
2	Francisco Paulo de Almeida	Valença	» Moka, sup. 2.
3	José Caetano Alves	Vassouras	» bon, 2.
4	Héritiers de Manoel A. Esteves	Valença	» Moka, spécial.
7	Dr Elias Antonio de Moraes	Cantagallo	» regular, 2
9	Marinho & Frère	Sapucaia	» bon, 2.
11	Comdeur Antonio B. Rodrigues	Barra Mansa	» Moka, 2.
12	Héritiers de Manoel A. Esteves	Valença	» spécial.
13	Dr Christovaõ Rodrigues de Andrade	Parahyba do Sul	» bon, 2.
15	Dr José Pereira e Silva	Resende	» regular, 2.
16	Francisco Carvalho de Mattos	Barra Mansa	» supérieur, 1.
17	Vicomte de Nova-Friburgo	Cantagallo	» spécial.
18	Francisco Pereira Ramos	Resende	» regular, 2.
20	Marianna Leite & Genro	Valença	» » 1.
26	Vicomte de S. Clemente	Cantagallo	» supérieur, 1.
27	Dr Antonio Lazzarini	Vassouras	» Moka, spécial.
28	Francisco Clemente	Cantagallo	» » 2.
29	Vicomte de Nova-Friburgo	»	» » 2.
30	Dr José Moltinho da F. França	Resende	» » 2.
32	Antonio J. B. de Andrade	Parahyba do Sul	» bon, 2.
33	José Tavares da Silva	Valença	» regular, 1.
37	Barbosa Lima & Fils	Resende	» bas.
40	Antonio J. B. de Andrade	Parahyba do Sul	» bon, 1.
41	Dr Leandro Bezerra Monteiro	»	» regular, 1.
43	Roberto de Figueiredo Laurie	Macahé	» bas.
44	Héritiers de Augusto Perret	Vassouras	» regular, 2.
46	Baron de Santa Maria	»	» bon, 2.
55	Commandeur Antonio Borges Rodrigues	Barra Mansa	» bon, 2.
56	Docteur Pedro Dias de Carvalho	Sapucaia	» regular, 2.
58	Commandeur Domingos T. de Azevedo Junior	Vassouras	» » 2
60	Vicomte de Nova Friburgo	Cantagallo	» supérieur, 2.
63	Vicomte de Arcozello	Vassouras	» » 2.
64	Manoel Luiz Pereira de Andradre	»	» » 1.
66	Henrique Gaspar Lamayer		» regular, 1.
67	Jose Ignacio de Avellar Werneck	Parahyba do Sul	» bon, 1.
68	Baron do Rio Bonito	Valença	» spécial.
69	Docteur Antonio Lazzarini	Vassouras	» fin.
70	Veuve de Carvalho Gomes & Gendres	Valença	» regular, 1.
71	Bernardino José Borges	Cantagallo	1ère regular, 2.
72	Diniz Junior, Irmão & Quartim	S. Maria-Magdalena	lavé regular, 1.
73	Dietrich & Cunhados	Cantagallo	» » 1.
76	Honorio Ferreira Pinto	»	2me bonne 2.
77	Baron de Santa Fé	Valença	lavé regular, 1.
78	Antonio J. Pereira de Carvalho	Carmo	» bon, 2.
79	Baron de Santa Maria	Vassouras	» supérieur, 1.
80	José Antonio da Silva	Nova-Friburgo	» regular, 1.
81	Angelica de Sousa Araujo	Sapucaia	» bon, 2.
83	Jose Antero Rôxo	Vassouras	» Moka, 2.
84	João José Pereira da Silva	Valença	» bon, 1.
85	Petronilha da Silva Rosa	Resende	» bas.

') Voir pour la classification des cafés brésiliens non lavés la note pages 34—35. Quant aux cafés lavés, voici leur classification dans le commerce, d'après M. Araujo-Maia: — *lavé spécial, lavé fin, lavé supérieur, lavé regular* (bon-ordinaire, ou moyen), et *lavé bas* (ordinaire). Les numéros qu'on trouve dans le présent catalogue après chacune de ces dénominations (quant aux cafés lavés) représentent seulement la classification faite par le jury de l'exposition de Rio en vue de la distribution des récompenses.

N°s d'ordre	EXPOSANTS.	Districts où se trouvent les plantations.	Qualité.
87	Antonio Pinto Vieira	Carmo	lavé regular, 1.
89	José Leite de Sousa	Valença	» bas.
90	José Antero Rôxo	Vassouras	» regular, 1.
92	Manoel Rodrigues A. Vianna	S. João do Principe	» fin.
94	Baron de Cantagallo	Cantagallo	» Moka, 2.
98	»	»	» bon, 2.
99	Francisco Paulo de Almeida	Valença	» supérieur, 1.
100	João Gularte de Souza Sobrinho	Cantagallo	» regular, 1.
101	Manoel Thomaz de Aquino Leite	S. Antonio de Padua	» » 3
104	Antonio Leite M. de Barros	»	» » 3.
105	Luiza de Avellar Leugruber	Carmo	» » 2.
106	Héritiers de Manoel A. Esteves	Valença	» » 1.
112	Baron da Bemposta	Sapucaia	» » 2.
114	Vicomte do Areozello	Vassouras	» » 4.
116	Mauricio Haritoff	Pirahy	» » 1.
117	Marianna C. M. França	Resende	» » 1.
118	Baron da Vargem Alegre	Pirahy	» » 2.
121	Mario de Lellis & Silva	Valença	Moka, 1.
122	Commandeur Pompêo A. Cezar da Costa	S. Antonio de Padua	» 3.
125	Héritiers de Manoel Antonio Esteves	Valença	lavé Moka sup. 1.
128	Matheus Gomes do Val	»	Moka, 1.
133	Francisco Marcondes Machado	Sapucaia	» 3.
134	Lucio Corrêa de Castro	Parahyba do Sul	» 4.
138	Cecilia de M. Monteiro de Barros	Pirahy	» 2.
139	Baron de Massambará	Vassouras	» 2.
140	Eleuterio Alves Barbosa e Silva	Resende	» 4.
142	Commandeur Lucas A. M. de Barros	Pirahy	» 3.
144	Docteur Antonio Moreira de Castilho	Parahyba do Sul	» 1.
146	Sénateur Martinho A. da Silva Campos	»	» 4 [cial
147	Carvalho & Faro	Valença	lavé Moka spé
149	» »	»	» » 1.
150	Baron de Santa Maria	Vassouras	» Moka spéc.
151	Baron do Rio Bonito	Valença	Moka, 2
152	Baron do Rio Negro	Barra Mansa	» 2
153	Francisco Clemente Pinto	Cantagallo	» 2.
154	Baron de Santa Fé	Valença	» 4.
155	Veuve Miranda Jordão & Fils	Parahyba do Sul	» supérieur,
156	Dr Francisco G. da Rocha Werneck	»	» 3.
157	Luiz Pereira de Faro	Vassouras	» 2.
159	Baron de Oliveira Rôxo	Pirahy	» 2.
160	Antonio J. Barbosa de Andrade	Parahyba do Sul	» 2.
161	Dr Francisco G. da Rocha Werneck	»	» 2.
163	Vicomte de S. Clemente	Cantagallo	» 3.
167	Veuve et Héritiers du Com. Manoel G. V. da Cruz	Parahyba do Sul	» 2.
168	Manoel Luiz Pereira de Andrade	Vassouras	» 2.
169	Dr José B. Gomes Guimarães	Barra-Mansa	» 1.
170	Commandeur Romualdo J. M. de Barros	Pirahy	Moka, 2
171	Baron do Rio Bonito	Valença	lavé Moka-spéc.
177	Quintiliano & neveu	Vassouras	1re bonne, 1.
178	Vicomte de S. Clemente	Cantagallo	» 1.
179	Calvet et Frère	Vassouras	» regular, 1.
181	João José Vieira	Valença	» bonne, 2.
185	Baron da Vargem Alegre	Pirahy	» » 2.
187	Baron de Oliveira Rôxo	Pirahy	1re bonne, 1.
188	Francisco Maria de Brito	Vassouras	» » 2.
189	Baron de Avellar e Almeida	»	» » 1.
190	Maria Ignacia de A. Teixeira	»	» » 2.
196	Antonio de Sousa Alves	Valença	» » 2.
197	Alfredo Carlos Teixeira Leite	Parahyba do Sul	» » 1.
198	Francisco de Paula G. Leite & Fils	Sapucaia	» » 2.
200	Marquise de Paraná	Sapucaia	lavé regular, 2.
202	Antonio dos Santos L. Thompson	Cantagallo	» » 2.
203	Luiz Ribeiro da Silva	»	» bon, 2.
205	Baron de Cantagallo	»	» » 2.
207	Dr Antonio Lazzarini	Vassouras	» Fin.
210	Manoel Joaquim de Sousa	S. Fidelis	» regular, 2.
212	Veuve Carvalho Gomes & Gendres	Valença	» bon, 2.
216	Héritiers de M. A. Esteves	»	» » 1.

N.º d'ordre.	EXPOSANTS.	Districts où se trouvent les plantations.	Qualité.
218	Vicomte de Nova-Friburgo	Cantagallo	lavé bon, 1.
220	João P. L. Junqueira	Pirahy	» supérieur, 2
221	Héritiers de M. A. Esteves	Valença	» » 1
222	Francisco Clemente Pinto	Cantagallo	lavé bon, 1.
226	Héritiers de João P. da Silva	Valença	» supérieur, 2
227	Lacerx da Brum & Frère	Vassouras	» bas.
228	Lacerda Brum & Frère	Vassouras	» bas.
229	Guilherme Sauerbroun	Cantagallo	» régulier, 1.
230	Custodio de Sousa Pinto	Pirahy	» Moka, 2.
233	Dr Antonio Lazzarini	Vassouras	» fin.
234	Vicomte de S. Clemente	Cantagallo	» bon, 1.
235	Querobina Maria Ribeiro	Nova-Friburgo	» regular, 1.
236	João Pedro Junqueira	Pirahy	» bon, 1.
237	Carvalho & Faro	Valença	» fin.
238	Leon Perissé & Frère	Carmo	» bon, 2.
239	Carlos Burgues	Cantagallo	» » 2.
240	Antonio Marques Pereira	Valença	» regular, 1.
241	José Joaquim Rodrigues	Nova-Friburgo	» bon, 2.
242	Vicomte de S. Clemente	Cantagallo	» fin.
243	Custodio de Sousa Pinto	Pirahy	» bon, 1.
245	J. B. M. Machado	Vassouras	» fin.
246	Commandeur Domingos T. de Azevedo Junior	Valença	» fin.
247	» » » »	»	Maragogipe.
248	Barbosa Lima & Fils	Resende	Murta.
249	Commandeur Domingos T. de Azevedo Junior	Valença	Bourbon.
253	Vicomte de Nova-Friburgo	Cantagallo	Fin.
256	Justino Barboza da Cruz	»	
258	Com. Domingos T. de Azevedo Junior	Valença	Le Roi.
259	Carlos Burgues	Cantagallo	Fin.
255	Com. Domingos Theodoro de Azevedo Junior	Valença	Botucatú.
254	Héritiers de Manoel A. Esteves		Fin.
260	Com. Domingos Theodoro de Azevedo Junior	»	Murta.
261	S. M. de Barros	»	Supérieur, 2.
263	A. Ermelindo Ribeiro	»	» 2.
266	Marianna C. de Meirelles França	Resende	» 2.
267	Pereira da Silva & Victorio	Valença	» 1.
268	Maria dos Anjos Sauches de Paiva	»	» 1.
269	Baron de Sta Maria	Vassouras	» 1.
273	João Luiz Pinheiro	Cantagallo	» 1.
276	Baron de Rio-Bonito	Valença	Supérieur.
277	Manoel Antonio Rimes	Sta-Maria Magdalena	» 1.
278	Manoel Antonio da Silva Rosa	Resende	» 2.
280	Com. Domingos Theodoro de Azevedo Junior	Valença	Ceylan brésilien.
281	Veuve-Heggender & Fils	S. Fidelis	Vieux spécial.
282	Vicomte de Nova-Friburgo	Cantagallo	Supérieur, 1.
283	Veuve-Miranda Jordaõ & Fils	Parahyba do Sul	» 1.
284	Héritiers de Manoel Antonio Esteves	Valença	Spécial.
285	Maria de Crellis e Silva		Supérieur, 2.
286	Antonio Luiz Pinheiro	Cantagallo	» 1.
287	Baron de Oliveira Rôxo	Pirahy	» 2.
288	» » »	»	» 1.
289	Domingos Theodoro de Azevedo Junior	Valença	Maragogipe
290	Maurice Haritoff	Pirahy	Supérieur, 1.
291	Luiz Soares de Gouvêa	Sapucaia	» 1.
292	Vicomte de S. Clemente	Cantagallo	» 2.
293	Fortunato dos Santos Gomes	»	» 2.
294	Dr Thomaz Vieira de Freitas	Sapucaia	Moka 1.
295	Quintiliano & Sobrinho	Vassouras	Supérieur, 2.
296	Baron de Santa Maria	»	» 2.
297	Com. Raymundo Breves de Oliveira Rôxo	Vassouras	» 2.
298	Domingos Gomes Jardim	Resende	Moka 3.
299	Tito Livio Monteiro	»	» 1.
300	José P. da Costa Maldonado	Valença	» bonne, 1.
306	Commandeur Domingos T. de Azevedo Junior	»	» » 2.
307	Vicomte de S. Clemente	Cantagallo	» » 1.
308	Vicomte da Piedade	Pirahy	» ordinaire 1.
309	Carvalho & Faro	Valença	1re bonne, 2.
310	José V. dos Santos Werneck	Parahyba do Sul	» » 2.

Nos d'ordre.	EXPOSANTS.	Districts où se trouvent les plantations.	Qualité.
311	Dr Francisco Quirino da R. Werneck	Parahyba du Sol	1re bonne, 1.
312	Baron de Cananéa	Vassouras	» » 1.
313	Justino Barbosa da Cruz	Cantagallo	» » 2.
314	Francisco Silveira da Cunha	Resende	» » 1.
315	Diogo Francisco Perret	Sapucaia	» » 1.
316	Manoel Goulart de Sousa	Carmo	» » 2.
317	Baron de Massambarà	Vassouras	» » 1.
319	Dr Vicente Moncada	Cantagallo	» » 2.
320	Miguel J. R. Pereira	Parahyba	» » 2.
325	Manoel Dias da Silva	Sapucaia	» » 2.
328	João de Araujo Maia	Valença	» » 2.
330	Francisco Clemente Pinto	Cantagallo	» » 2.
331	Leon Perissé & Frère	Carmo	» » 2.
332	Albino Antonio de Almeida	Resende	» » 2.
333	Francisco José de Medeiros	Parahyba	» » 2.
334	Francisco Soares de Gouvêa	Sapucaia	» » 2.
335	Francisco de Paula de Almeida	Parahyba do Sul	lavé supérieur, 1.
336	Mello & Frères	Cantagallo	1re bonne 2.
338	Alfredo Carlos de Avellar	Vassouras	» » 2.
339	Manoel R. Alves Vianna	S. Jean do Principe	» » 1.
340	Emiliano Ferreira Pinto	Cantagallo	2e » 1.
341	Veuve Teixeira & Fils	Cantagallo	1re bonne, 1.
342	Eleuterio Alves B. e Silva	Resende	» » 1.
343	Silveira & Sobrinho	»	» » 1.
344	Héritiers de Manoel A. Esteves	Valença	» » 1.
345	Baron de Massambarà	Vassouras	» » 2.
346	Antonio B. Monteiro de Barros	Parahyba do Sul	» » 2.
349	José Leite de Figueiredo	»	» » 1.
354	Manoel Luiz P. de Andrade	Vassouras	» » 2.
355	Francisco Marcondes Machado	Sapucaia	» » 2.
357	Cornelio de Sousa Lima	S. Maria Magdalena	» » 1.
363	Vicomte de S. Clemente	Cantagallo	» » 1.
364	Commandeur Raymundo de Oliveira Rôxo	Vassouras	» » 2.
368	Luiz Pereira de Faro	»	» » 1.
369	Lindorf M. de Vasconcellos	»	» » 1.
370	Commandeur Luiz Caetano Alves	»	» » 2.
374	Firmo A. Pereira & Fils	Parahyba	» » 1.
377	Antonio Lutterback	Cantagallo	» » 1.
378	Antonio Lopes de Babo	Parahyba	» » 1.
379	José Antonio de S. Lima	Valença	» » 1.
380	Dr Antonio J. da Chagas & Co	Parahyba	» » 1.
381	Commandeur Luiz Caetano Alves	Vassouras	» » 2.
386	Commandeur Romualdo J. M. de Barros	Piraby	» » 2.
388	Luiz Pereira de Faro	Vassouras	» » 2.
390	Veuve et Héritiers du Command. M. G. V. da Cruz	Parahyba	» » 2.
392	Baron de S. Carlos	»	» ordinaire, 1.
393	Joaquim L. Babo Junior	»	» » 1.
397	Francisco Marcondes Machado	Sapucaia	» » 1.
400	Luiza de A. Lengruber	Carmo	» » 1.
402	Silvio dos Santos Paiva	Valença	1re bonne, 2.
408	João Guerreiro Bogado	Cantagallo	» regular, 2.
410	João Pires da Veiga	»	» » 1.
411	Dietrich & Cunhados	»	» » 1.
412	Guilherme Sauerbronn	»	» » 1.
416	João Erthal	Cantagallo	» » 1.
422	José Luiz de Souza e Oliveira	Valença	» » 1.
425	Vicomte de S. Clemente	Cantagallo	» » 1.
426	Francisco Antonio Gonçalves Barbosa	Parahyba do Sul	» » 2.
427	Luiz Pereira de Castro	Barra-Mansa	» » 2.
428	Joaquim Ferreira de Azevedo	S. João do Principe	» » 2.
429	Cecilia Maria de J. Nobrega	Piraby	» » 1.
430	Veuve & Fils de Simeão G. de Assumpção	Valença	» » 2.
431	Baron de Santo Antonio	Parahyba do Sul	» » 2.
432	Francisco José de Carvalho	Valença	» » 1.
433	Baron do Rio-Negro	Barra Mansa	» » 1.
434	Héritiers de João Pereira da Silva	Valença	» » 2.
437	José Moreira Dantas	»	» » 2.
439	Pedro Augusto Lacerda	Vassouras	» bonne, 1.

N°s d'ordre.	EXPOSANTS.	Districts où se trouvent les plantations.	Qualité.	
440	Vicomte da Barra Mansa	Barra Mansa	1re regular,	2.
442	José Augusto M. de Barros	S. Fidelis	» »	2.
444	Antonio José Paulino	Parahyba do Sul	» »	1.
445	Baron de Santa Justa	»	» »	2.
447	Sabino Lopes de A. Babo	»	» »	1.
450	Secundino da Silva Espindola	S. Fidelis	» »	2.
451	José de Sousa Borges	Pirahy	» »	1.
453	Dr Antonio Alves de A. Nogueira	Vassouras	» »	2.
454	João Lopes de C. Sobrinho	Sapucaia	» »	2.
457	Juliano Luiz de Carvalho	Parahyba do Sul	» »	2.
458	Commandeur Lucas A. M. de Barros	Pirahy	» »	1.
459	Antonio Luiz da Silveira	»	» »	1.
460	Commandeur Joaquim L. R. de Almeida & Filho	Barra Mansa	» »	2.
461	Commandeur José Teixeira de N. Sobrinho	Pirahy	» »	2.
464	Francisco de Almeida Silva	Barra Mansa	» »	2.
465	Veuve et Héritiers de M. G. Vieira da Cruz	Parahyba do Sul	» »	2.
467	Antonio Ferreira de Moraes	S. Maria Magdalena	» »	2.
469	Commandeur Quintiliano C. da Fraga	Vassouras	» »	2.
470	Silvio Martins Ramos	Sapucaia	2me bonne,	1.
471	Pantaleão Ferreira de Azevedo	Pirahy	1re regular,	2.
472	João Teixeira da Nobrega	»	» »	2.
473	Francisco Barbosa do Rego	»	» »	2.
474	Jacintho Ignacio de Mendouça	Valença	» »	1.
476	João Albino Dias da Silva	Cantagallo	» »	1.
477	José Caetano A. de Oliveira	Barra-Mansa	» »	2.
480	Dr Galdino Antonio do Valle	Sta-Maria Magdalena	» »	2.
484	Leite Zamith & Filhos	Vassouras	» »	2.
487	Commandeur Vicente A. da Silva Oliveira	Parahyba do Sul	» »	2.
488	José Pereira de Barros	Resende	» »	2.
489	Commandeur Bruno J. dos Santos Nora	Barra-Mansa	2e bonne,	1.
490	João de Sousa Vieira	Carmo	» »	1.
492	João Albino Dias da Silva	Cantagallo	» »	1.
494	Francisco Clemente Pinto	»	» »	1.
497	Antonio José de Fré	Parahyba do Sul	» »	1.
499	João de Aranjo Maia	Valença	1re regular,	2.
506	Theodoro de Araujo Pereira	Valença	» »	2.
509	Ignacio Werneck	Sapucaia	» »	2.
510	Francisco Leite Ribeiro Junior	Valença	» »	2.
511	Vicomte de Pinheiro	Cantagallo	lavé bonne,	1.
512	Lucio Corrêa e Castro	Parahyba do Sul	1re regular,	2.
514	D. Maria José da Natividade Vieira	»	» »	1.
515	Joaquim Lopes de Babo	»	» »	1.
516	Antonio Vieira de Aranjo Machado	Sapucaia	2e bonne,	2.
517	Mathias Octavio Róxo	Pirahy	1re regular,	1.
518	Caetano da Roza Martins	Vassouras	» »	1.
519	Dr Josepha Leopoldina Soares Teixeira	Cantagallo	» »	1.
520	João Ferreira d'Almeida Braga	Sapucaia	» »	2.
527	Theophilo Prudenciani Cerai	Valença	» »	1.
528	Le Rev. Maximiano Julio Texeira Monteiro	Sapucaia	» »	2.
530	Vicomte de Arcozello	Vassouras	» »	1.
533	Jria Umbelina Vieira Guiam	Valença	» »	1.
535	João Pedrozo Barreto de Albuquerque	Vassouras	» »	1.
536	Manuel Gomes Leal do Nascimento	Barra-Mansa	1re ordinaire,	1.
540	Veuva Marianna Böechât	Nova Friburgo	» »	1.
542	José Carlos de Oliveira	S. Fidelis	» »	1.
543	Antonio Moreira dos Santos	Pirahy	» »	2
544	Dr Antonio da Rocha Fernandes Leão	Resende	» »	1.
545	Anna C. Martins Avelino Pinho	Cantagallo	» »	1.
553	Angelo Gonçalves dos Reis	Valença	1re regular,	1.
555	Luiz José Gonçalvez Neves	Cantagallo	» »	1.
556	Commandeur Luiz Caetano Alves	Vassouras	» »	1.
557	Colonel Antonio I. Barboza d'Andrade	Parahyba do Sul	» »	1.
558	José Pinheiro da Silveira	Vassouras	» »	1.
559	Dr I. Bernardo Gomes Guimaraêns	Barra-Mansa	» »	2.
560	Augusto de Avellar Assumpçao	Valença	» »	1.
561	Francisco Barboza do Rego	Pirahy	» »	1.
562	Antonio de Alvarenga Freire	Resende	» »	2.
574	Joaquim J. de Carvalho I. & Irmao	Parahyba do Sul	» »	1.

N°s d'ordre.	EXPOSANTS.	Districts où se trouvent les plantations.	Qualité.
575	Luiz Vieira de Carvalho	Cantagallo	1re regular, 2.
576	Baron do Pilar	Valença	» » 2.
577	Antonio Fontes de Oliveira	Carmo	» » 2.
578	Manuel José Corrêa Tavares	Parahyba do Sul	» » 2.
581	Commandeur Joaquim Antonio dos Passos	Parahyba do Sul	» » 2.
582	Maria J. da Natividade Vieira	»	» » 1.
584	Antonio José Cruz	Barra-Mansa	» » 2.
585	Jean Moreira da Silva Barriga	Sapucaia	» » 1.
586	Antonio Candido Rodrigues	Cantagallo	» » 2.
587	Domingos Teixeira Alves	Sapucaia	» » 1.
590	Francisco Lopes Martins Junior	Cantagallo	» » 1.
592	Carolina Josepha da Silva Vieira	Valença	» » 1.
597	Manoel Gonçalves da Rocha	Resende	» » 1.
601	Carlos Caetano Alves	Vassouras	lavé bon, 2.
607	Luiz Teixeira de Carvalho	Cantagallo	» regular, 2.
609	Manoel Simões de Souza Pinto	Campos	» » 2.
615	Carlos Cactano Alves	Vassouras	» » 1.
624	José Rebello da Silva	S. Fidelis	» ordinaire, 1.
626	Magalhaens Sobrinho & Irmão	Cantagallo	» » 1.
627	Eugenio Julio Curty	»	» » 1.
631	Florentino Marianno dos Santos	Parahyba	» regular, 2.
633	Auguste Vial	Cantagallo	» » 1.
634	Polycarpo José Vieira	Valença	» » 1.
635	Henrique José Costat	Cantagallo	» » 1.
637	Magalhaes Sobrinho & Irmaõ	»	» » 2.
640	José Teixeira Portugal Freixo	Sta Maria Magdalena	1re ordinaire, 2.
641	Angelo Corrêa da Costa Machado	Sapucaia	» » 2.
642	Corrêa & Filho	Cantagallo	» » 1.
644	Thomaz Per. Madruga	Nova-Friburgo	» » 1.
645	Gabriel Teixeira Pinto Sobrinho	Resende	» » 2.
646	Maria do Figueiredo Freire	Sta Maria Magdalena	» » 1.
647	Francisco de Araujo Leite	Barra-Mansa	» » 1.
648	Peregrino Vieira Machado	Parahyba	» » 1.
649	Wenceslão Fernandes de Cavallero	Itaguahy	» » 2.
655	Alberto Pereira Gracil	Carmo	» » 2.
656	José Antonio Pinto Coelho	Cantagallo	» » 2.
659	Antonio Norberto de Azevedo	Valença	» » 2.
660	Maria Justina da Purificação	Cantagallo	» » 2.
661	João Maria de Menezes	Vassouras	» » 1.
662	João de Souza Werneck Netto	Sapucaia	» » 1.
664	Francisco Coelho de Magalhães	Cantagallo	» » 1.
665	Isabel Sauerbrum Scheiner	»	» » 1.
666	Quintiliano & Sobrinho	Vassouras	» » 1.
667	José da Rosa Machado	Pirahy	» » 2.
671	Manoel Antonio da Costa	Sapucaia	» » 1.
673	Maria Joaquina V. Manso	Vassouras	» » 1.
674	Joaquim Anselmo de Sousa	S. Jean do Principe	» » 2.
675	Silvino Coelho de Avellar	Pirahy	» » 1.
677	Francisco Angelo Corrêa	Sapucaia	» » 2.
679	Francisco Ludolf	Carmo	» » 1.
680	Quintiliano G. Ribeiro de Avellar	Vassouras	» » 1.
681	Zeferina A. das Chagas Werneck	»	» » 1.
682	Francisco Vieira de Carvalho	Carmo	» » 2.
685	Baron de Imbé	Ste Maria Magdalena	» » 1.
686	Antonio Estevaõ da Cunha	Barra-Mansa	» » 1.
689	Pamplona & Fortes	Valença	» » 1.
690	Commandeur Bernardino José Borges	Cantagallo	» » 1.
695	Marianna Bernardina de Assis	S. Antonio de Padua	» » 2.
699	João Baptista Drumond & Filhos	Valença	» » 2.
700	Francisco José de Sousa	Sapucaia	» » 2.
701	Patricio Antonio da Silva	Ste Maria Magdalena	2e bonne, 1.
702	Baron de Sousa Lima	Valença	1re ordinaire, 2.
704	Guimarães & Moreira	S. Antonio de Padua	» » 1.
706	Carvalho & Comp.	Barra-Mansa	» » 2.
707	Avila Leal & Compagnie	Resende	» » 2.
709	Fernando Antonio Ferraz	Valença	» » 1.
712	Docteur Carlos Theodoro de Bustamante	Barra-Mansa	» » 2.
713	José Leite de Souza	Sapucaia	» » 1.

d'ordre	EXPOSANTS.	Districts où se trouvent les plantations.	Qualité.
714	Rita Joaquina R. de Conceição	Vassouras	1re ordinaire, 1.
716	Henrique Vieira da Cunha	Pirahy	» » 2.
717	Antonio Appolinario de Barros	S. Antonio de Padua	» » 2.
723	Miguel Antonio P. Caldas	Sapucaia	» » 2.
727	Laurindo Francisco Moreira	Valença	» » 2.
731	Braz Marcondes de Toledo	Barra-Mansa	» » 1.
733	Manoel Luiz Garcia	Pirahy	» » 2.
734	João Gomes de Aguiar	Parahyba	» » 1.
735	José de Sousa Aguiar	Sapucaia	» » 1.
736	Commandeur Luiz A. da Costa e Sousa	Pirahy	» » 1.
738	Francisco Bernardino de Barros	S. Antonio de Padua	» » 2.
739	Antonio Xavier de Lima Junior	Resende	» » 1.
740	Valentim Coelho Porto	Pirahy	» » 1.
741	Dr José Gonçalves V. de Medeiros	Parahyba	» » 2.
742	Commandeur Antonio Lourenço Torres	Barra-Mansa	» » 2.
743	Estulano Ignacio Bittencourt	Pirahy	» » 1.
745	Manoel Corrêa Abraham	Parahyba	» » 1.
746	Maria Clara Lopes Martins	Cantagallo	» » 1.
748	Antonio Antunes Seabra	Vassouras	» » 1.
750	Manoel Dias da Cunha	Pirahy	» » 1.
751	Antonio de Sousa L. Niquinho	Sto Antonio de Padua	» » 1.
754	José Maria Machado	Vassouras	» » 1.
756	Luiz Pereira Roméo	Parahyba	» » 2.
757	Commandeur Luiz José de Sá Cherem	S. Jean do Principe	» » 1.
758	Manoel Gomes L. do Nascimento	Barra-Mansa	» » 1.
759	José Antonio A. da Costa	Parahyba do Sul	» » 1.
761	Philipp Ludolf	Carmo	» » 1.
762	Estevão Pinto de Carvalho	S. Fidelis	» » 2.
763	João C. dos Reis & Cº	Barra-Mansa	» » 1.
765	José Pedro Diniz	Cantagallo	» » 2.
766	Jeronymo de Sousa Vieira	Carmo	» » 2.
769	Jeronymo Alves da Serra	S. Marie Magdalena	» » 1.
771	Manoel Antonio Tavares	S. Antonio do Padua	» » 2.
775	Francisco de Assis R. dos Santos	S. Fidelis	» » 1.
777	Pedro Custodio de Oliveira	»	» » 1.
779	Manoel Thomaz de Aquino Leite	Sto Antonio de Padua	» » 1.
785	Miguel José Corrêa	Carmo	» » 1.
787	Commandeur Custodio Leite Ribeiro	Sto Antonio de Padua	» » 2.
788	José Martins do Couto	Sapucaia	» » 1.
795	Francisco Pinheiro de Lacerda	Campos	2e bonne, 2.
797	José Botelho F. Bezerra	Cantagallo	» » 1.
799	Manoel Martins Esteves	Parahyba do Sul	» » 2.
800	José Joaquim Muros	Macahé	» » 1.
801	José Francisco Jorge	S. Antonio de Padua	» » 2.
803	Antonio Paulino de Toledo	»	» » 1.
804	João Baptista Soares Junior	Barra Mansa	» » 1.
806	Francisco Jeronymo Jaggi	S. Fidelis	» » 2.
807	Diniz Junior, Irmao & Quartim	S. Maria-Magdalena	lavé Moka, 3.
809	José Tardim junior	Cantagallo	2e bonne, 2.
811	Manoel Polycarpo Vieira	Valença	» » 1.
812	Maria Bussinger Bonn	Cantagallo	» » 1.
813	João da Matta Lamas	»	» » 1.
816	Caetano Soares de Azevedo	Campos	» » 1.
817	Bernardo de Araujo	Macahé	» » 2.
820	Antonio Monteiro dos Santos Junior	Vassouras	» » 1.
821	José Luiz da Silva	Cantagallo	» » 1.
822	Bazilio Garcia Terra	S. Fidelis	» » 1.
825	Raphael Augusto da Fonseca	»	» » 1.
826	Manoel Corrêa Dias Lagoa	»	» » 1.
829	Manoel Martins Ramos Sobrinho	»	» » 2.
831	Marianno Leite & Genro	Valença	lavé 2me sorte, 2.
836	Manoel José da S. Picanço	S. Antonio de Padua	2e bonne, 2.
841	Maximiano José da Cunha	S. Fidelis	» » 1.
845	Antonio Luiz Marchado	Sapucaia	» » 2.
846	José Rodrigues Alves	S. Antonio de Padua	» » 2.
847	Antonio Pedro de Lima Fernando	S. Fidelis	» » 2.
852	Antonio Muniz de Andrade	Cantagallo	» » 1.
854	Francisco Ignacio da Silva	S. Maria-Magdalena	» » 2

N°s d'ordre.	EXPOSANTS.	Districts où se trouvent les plantations.	Qualité.
858	Francisco José Freire	Cantagallo	2° bonne, 2.
862	Casal de Julio Leite Ribeiro	S. Antonio de Padua	» » 1.
867	Francisco Onofre de Carvalho	Parahyba	» » 1.
871	José Maximiano da Silveira	Carmo	» » 2.
873	Venancio José Garcia	S. Fidelis	» » 1.
879	Lourenço Per. de Carvalho	»	» » 1.
880	José Ignacio Ferreira	»	» » 1.
881	Joaquim Carlos Carneiro	»	» » 1.
882	Manoel Garcia Pereira	»	» » 2.
886	José Francisco Jorge	S. Fidelis	» » 2.
887	Antonio Emilio de Abreu	Cantagallo	» » 2.
889	Antonio Francisco de Andrade Sobr.	»	» » 1.
890	José Manoel Esteves	»	» » 1.
892	Theodoro José Soares	Parahyba do Sul	» » 1.
895	Carlos da Costa Soares Irmão	Carmo	» » 1.
896	Francisco de Paula Monteiro da Silva	Campos	» » 1.
897	Francisco Jacintho da Silva	S. Marie Magdalena	» » 1.
899	Placido José A. Almeida	Valença	» » 1.
901	Antonio Vieira do Cavalho	S. Fidelis	» ordinaire.
903	Rita Joaquim Ferreira Guedes	Macahé	» »
906	Maria Candida de Moura	S. Antonio de Padua	» »
907	Manoel de Castro e Silva	S. Fidelis	» »
908	Antonio Francisco Alves Malveiro	Campos	» »
913	Honorio C. da Cunha	Valença	» » 2.
916	Tobias Joaquim Rodrigues	S. Antonio Padua	» »
917	Commandeur Francisco Leite Vidigal	Campos	2° bonne 2.
920	Manoel da Rosa Soares & C°	S. Fidelis	» ordinaire.
935	Arnold Bruger	Carmo	» regular, 2.
937	Joaquim Luiz Pinheiro	Cantagallo	» » 2.
938	Commandeur Francisco Pereira da Silva	Resende	» » 2.
939	Antonio Loureiro Caldas	Parahyba	» » 1.
940	Francisco de Faria Salgado	Cantagallo	» » 2.
941	Herculano G. B. S. Thiago	Vassouras	» » 1.
943	Docteur José de Souza Brandão	Sapucaia	» » 1.
950	Francisco Theodoro das Chagas	Valença	» » 1.
955	Heriritiers de Francisco José dos Reis	Cantagallo	» » 2.
959	Commandeur João Abl° Dias da Silva	»	» » 1.
962	Pamplona Fortes	Valença	» » 2.
963	Sebastien Luiz Pinheiro	Cantagallo	» » 1.
964	José Baptista Ferreira de Pinho	S. Antonio de Padua	2° bonne, 1.
967	Joaquim de Araujo Padilha	»	» » 1.
970	Francisco Bernardes da Luz Figueira	Valença	» » 2.
973	Joaquim Lourenço Sardemberg	S. Jean da Barra	» » 2.
974	José Francisco do Aguiar	S. Fidelis	» » 2.
975	João de Almeida Elvas	»	» » 1.
976	Cesar Augusto Ferreira Pinto	Cantagallo	» » 1.
978	João Bueno Rangel	Resende	2° ordinaire, 2.
979	Alexandre de Paula Zagge	S. Antonio de Padua	2° bonne, 1.
983	Carlota Carolina de Resende Vieira	Campos	» » 2.
984	Laurindo Januario Carneiro	S. Fidelis	» » 1.
985	Francisco Ventura Marinho	Sapucaia	» » 1.
986	Cassiano José de Azevedo Santos	S. Fidelis	» » 1.
989	Manoel Joaquim Marques Melgaço	Sapucaia	1re ordinaire, 2.
990	Antonio Nicolau da Silva	Valença	» » 1.
997	José Machado Botelho	Cantagallo	» » 2.

Province de St. Paulo.

N°s d'ordre.	EXPOSANTS.	Districts où se trouvent les plantations.	Qualité.
5	Pedro E. de Sousa Aranha	Campinas	1re regular, 1.
6	Pereira de Barros & Filho	Taubaté	lavé régular, 1.
8	Commandeur Geraldo de Resende	Campinas	» Moka, 2.
10	Baron de Tremembé	Taubaté	» bon, 1.
14	José de Lacerda Guimaraês	Araras	» Moka, 3.
21	Manoel G. Vieira & Filho	Taubaté	» » 2.
22	Francisco Pompêo do Amaral	Campinas	» » 3.
23	Baron de Piracicaba	Rio Claro	» bon, 2.
24	Joaquim F. de Camargo Junior	Araras	» regular, 1.
25	Estanislau F. de C. Andrade	Campinas	» » 1.

N°s d'ordre.	EXPOSANTS.	Districts où se trouvent les plantations.	Qualité.
34	Conseiller Antonio Moreira de Barros	Taubaté	lavé regular, 1.
35	Dr Raphael A. Paes de Barros	Pirassinunga	» » 1.
36	Vicomte de Indayatuba	Campinas	» Moka sup., 2
38	Antonio A. Monteiro de Barros	Limeira	» regular, 2.
39	José R. da Motta Paes	S. C. do Pinhal	» » 2.
42	Maria C. de M. Pereira	S. J. de Barreiros	» Moka, 2.
45	Joaquim J. da Silva Leme	Arêas	» regular, 1.
47	Commandeur José Vergueiro	Limeira	» supérieur, 1.
48	Baron de Piracicaba	Rio Claro	» bon, 2.
49	Baron de Piracicaba	»	» regular, 1.
50	Commandeur Geraldo de Resende	Campinas	» bas.
51	Baron de Itatiba	Campinas	» Moka, 2.
52	Commandeur Geraldo de Resende	»	» bon, 2.
53	Antonio A. Monteiro de Barros	Limeira	» regular, 1.
61	Commandeur Geraldo de Resende	Campinas	» » 1.
62	Commandeur José Vergueiro	Limeira	» Moka, 2.
65	Joaquim Vieira Teixeira Pinto	Lorena	» » 4.
74	Antonio Augusto M. de Barros	Limeira	» bas.
75	Commandeur Geraldo de Resende	Campinas	» bon, 2.
86	Virgilio Rodrigues Alves	Guaratinguetá	» Moka, 3.
88	Maria Clementina M. Pereira	S. José do Barreiro	» regular, 1.
91	Dr Laurindo José de Almeida	Bananal	» bon, 1.
96	Commandeur José Vergueiro	Limeira	» Moka spéc.
97	Oliveira Garcez & Irmão	Queluz	» supérieur, 2.
102	Dr Antonio G. de Abreu Soares	Campinas	» Moka, 2.
110	Francisco de P. Lima	Casa Branca	» » 4.
111	Joaquim P. Barbosa Aranha	Campinas	» » 3.
113	Sebastião de Barros e Silva	Limeira	» » 2.
115	Angelo Penelope de Moraes	Amparo	» » 3.
119	Luciana Teixeira Nogueira	Capivary	» » 4.
120	José Manoel de Aguiar	Rio Claro	» » 8.
124	Barros & Santos	Limeira	» » 3.
126	Antaõ de Paula e Sousa	Amparo	» » 3.
127	Baron do Romeiro	Pindamonhangaba	» » 3.
129	José Leite de Figueiredo	Bananal	» » 3.
130	Bicudo & Irmaõ	Campinas	» » 4.
131	José G. de Araujo Bueno	S. C. do Pinhal	» » 2.
135	José Maria Aguirra	Rio Claro	» » 3.
137	Anna C. de Salles	»	1re regular, 1.
141	Vicomte de Indayatuba	Campinas	Moka, 1.
158	Izaias Pereira de Carvalho	Bethlem do Descalvado	» Moka, 4.
162	Antonio Chrispino de Abreu	Pirassinunga	» » 4.
164	Francisco Antonio do Costa Braga	Campinas	» » 2.
165	Candido Pereira Leite	Lorena	» » 1.
183	José Leite de Figueiredo	Bananal	1re bonne, 1.
184	João Carlos Nogueira de Sá	Lorena	» » 2.
195	Baron de Joatinga	Bananal	» » 2.
199	Baron de Ribeiro Barbosa	»	» » 1.
204	Baron do Tremembé	Taubaté	lavé bon, 1.
206	Antonio A. Monteiro de Barros	Limeira	» Moka, 3.
209	Baron de Romeiro	Pindamonhangaba	» bon, 2.
217	José Ferreira Leite da Silva	Arêas	» regular, 2.
219	José Francisco Ferreira Guimarães	»	» » 1.
321	Dr José M. Machado Cezar	Pindamonhangaba	1re bonne, 1.
322	Dr França Carvalho e Conseiller L. de Carvalho	Campinas	» » 2.
327	Domingos da Silva Monteiro	Lorena	» » 2.
329	José M. Marcondes Romeiro & Cº	Pindamonhangaba	» » 1.
231	José Pereira de Faria	Parahybuna	lavé regular, 2.
232	Dr Laurindo José de Almeida	Bananal	» Moka, 2.
251	Dr F. L. Ribeiro Guimarães	Pirassinunga	vieux spécial.
271	» » »	»	lave Botucatu.
275	» » »	»	vieux spécial.
300	Baron de Piracicaba	Rio Claro	1re bonne, 2.
337	Francisco de Paula Camargo	Amparo	» » 2.
361	Baron de Itapura	Campinas	» » 2.
382	Baron de Taubaté	Pindamonhangaba	» » 1.
385	Joaquim de P. Sousa Carvalho	Amparo	» » 1.
387	Francisco D. de Sampaio	S. C. do Pinhal	» » 2.

N°s d'ordre	EXPOSANTS.	Districts où se trouvent les plantations.	Qualité.
395	Manoel Carlos Aranha	Campinas	1re bonne, 2.
398	Francisco J. de M. Marcondes	Pindamonhangaba	» » 1.
401	Joaquim F. de C. Andrade	Campinas	» » 2.
403	Francisco Nogueira de Carvalho	Casa Branca	» » 2.
404	Vicomte de Indayatuba	Campinas	» » 1.
407	Manoel Courado Teixeira	Guaratingueta	1re regular, 1.
413	José L. Vieira de Macedo	Parahybuna	» » 2.
415	Domiciano M. de A. Vallim	Bananal	» » 2.
417	França Carvalho et Cons. Leoncio de Carvalho	Campinas	» » 1.
423	Antonio Pereira Baptista	Arêas	» » 1.
424	Saturnino Dias T. de Castro	Queluz	» » 1.
448	Francisco Alves de Magalhães	S. J. dos Barreiros	» » 1.
462	Lucio Brandino de Novaes	Queluz	» » 1.
479	Commandeur Antonio Paes de Barros	Pirassinunga	» » 2.
482	José Gonçalves de Sampaio	Limeira	» » 2.
486	Joaquim V. de S. Meirelles	Pirassinunga	» » 1.
501	Soares Castilho & Novaes	S. José de Barreiros	» » 2.
502	José de Assis Alves	Parahybana	» » 1.
504	Luiz Teixeira de Barros	Pindanunhangaba	» » 1.
505	Baron da Serra Negra	Piracaba	lavé regular, 1.
507	Antonio Manoel d'Arruda	Amparo	1er regular, 1.
522	José Pereira dos Santos	»	Moka, 4.
523	Antonio Mendes da Costa	Limeira	1re regular, 2.
524	João Thomaz d'Andrade	Casa Branca	» » 1.
531	Francisco de Andrade Coutinho	Campinas	» » 1.
539	José Querino dos Santos Simões	»	» » 1.
546	José F. de Sampaio	Rio Claro	» » 2.
550	Ribeiro Maximo de Souza	Bananal	1re regular, 1.
551	Baron da Serra Negra	Piracicaba	lavé regular, 1.
552	Doutor Joaquim Ignacio de Moraes	Amparo	1re regular, 2.
554	Antonio Leme da Fonseca	Jundiahy	» » 1.
563	Joaquim Victor de Souza Meirelles	Pirassinunga	» » 1.
565	João Soares do Amaral	Araras	» » 1.
568	Bazilio Antonio Corrêa da Silva	Campinas	» » 2
570	Joaquim Manuel Alves	S. Carlos do Pinhal	» » 1.
572	Antonio Chrispim de Abreu	Pirassinunga	» » 2.
573	Agostinho de Lemos Prado	Rio Claro	» » 1.
579	Antonio Alvares Leite Penteado	Casa Branca	» » 1.
580	José de Souza Campos	Campinas	» » 1.
588	José Guedes de Souza	Mogymirim	» » 1.
593	Doutor Henrique d'Almeida Regadas	Pirassinunga	» » 1.
594	Doutor Manoel Domingues de Castro	Guaratingueta	» » 1.
595	Joao Manoel d'Almeida Barboza	Campinas	» » 2.
596	Joaquim Candido de Almeida Leite	Belem do Descalvado	» » 2.
598	Francisco Deocleciano Ribeiro	Pirassinunga	» » 1.
599	Dr Martinho da Silva Prado	Casa Branca	» » 2.
600	» » »	Casa Branca	» » 2.
603	Camillo José Pires	Itatiba	» » 1.
604	Antonio Chrispim d'Abreu	Pirassinunga	» » 1.
606	Heritiers du Commandeur Francisco Teix. Velleta	»	
605	Vicente Moreira da Costa Mattos	Taubaté	» » 2.
608	Maria Brandina de Souza Aranha	Campinas	» » 1.
611	Carlos Emydio de S. Aranha	»	» » 1.
612	Francisco Eugenio do Amaral	Pirassinunga	» » 2.
614	José Soares de Camargo	Itatiba	» » 1.
617	Fabiano Martius Alves Porto Junior	Jacarehy	» » 1.
618	Dr Candido Ferr. da Silva Camargo	Campinas	» » 2.
619	Baron de Piracicaba	Rio Claro	lavé bon, 2.
620	Manoel de Freitas Novaés	Cruzeiro	1re regular, 1.
621	Baron de Massoró	Taubaté	» ordinaire, 1.
623	Francisco da Costa Braga	»	» » 1.
625	Custodio Vieira da Silva	Lorena	» » 1.
628	Manoel J. de Siqr. Mattos	Taubaté	» » 1.
639	Maria Gertrudes d'Oliveira Monteiro	Guaratingueta	» » 2.
651	João Candido H. de Azevedo	Pindamonhangaba	» » 1.
652	Domiciano Maria A. Vallim	Bananal	1re bonne, 1.
658	Ladislau de Barros Nogueira	Taubaté	1re ordinaire, 1.
668	Antonio Carlos de Alvarenga	»	» » 1.

N°s d'ordre.	EXPOSANTS.	Districts où se trouvent les plantations.	Qualité.
693	José Augusto Vieira	Guaratingueta	1re ordinaire, 1.
696	Commandeur Manoel Bicudo de S. Salgado	Pindamonhangaba	» » 2.
705	Benjamin da Cunha B. & Comp.	»	» » 1.
729	Joaquim Simões da Cunha	Aréas	» » 1.
752	Ignacio José P. Patricio	Guarantingueta	» » 1.
755	Firmino Rodrigues M. dos Santos	»	» » 1.
764	Antonio Joaquim P. de A. Vasconcellos	Aréas	» » 1.
767	Constantino Alves da Cruz	S. J. dos Barreiros	» » 1.
780	Antonio Celidonio G. dos Reis	»	» » 1.
783	Maria Rosa de Novaes	»	» » 1.
796	Rosendo Pereira Salgado	Pindamonhagaba	2e bonne, 1.
818	Eduardo Ferreira de Abreu	Silveiras	» » 1.
861	Commandeur J. Nogueira de Mattos	Taubaté	» » 1.
902	Dr França Carvalho e Cons. Leoncio de Carvalho	Campinas	2e ordinaire, 1.
938	» » » » »	»	escolha (rebut) bon.
934	Oliveira Garcez & Irmao	Chueluz	1re regular, 2.
936	Henrique Antonio Dantas da Gama	Pandamonhangaba	» » 2.
948	Luiz Per. Leite	Bananal	» » 1.
954	Baron de Itapeba	Pindamonhangaba	» » 1.
957	Coronel Maurico José de Oliveira e Costa	Taubaté	» » 2.
987	Olimpio Alves de Magalhaens	S. J. dos Barreiros	1re ordinaire.
988	Domingos Cerqueira Cesar	Cacapana	» » 1.
995	Francisco Avelino do Nascimento	Pindamonhangaba	» » 1.

Province de Minas Geraes.

N°s d'ordre.	EXPOSANTS.	Districts où se trouvent les plantations.	Qualité.
19	Dr Thomaz de Aquino Leite	Juiz de Fòra	Lavé bon, 2.
31	Dr Manoel Simões de S. Pinto	Leopoldina	» regular, 1.
54	Araujo Maia & Irmão	St. Jean Nepomuceno	» Moka, 2.
57	» »	»	» regular, 1.
59	Manoel José Monteiro da Silva	Mar de Hespanha	» Moka, 2.
82	Francisco da Cunha N. d'Ayrosa	»	» regular, 1.
93	Eduardo Carneiro de Mendonça	»	» »
95	Oscar Teixeira de F. Cortes	St. Jos. d'Além Parahyba	» bas.
103	Comte de Cedofeita	Juiz de Fòra	» Moka, 3.
107	Teixeira Leite & Irmão	Leopoldina	» » 1.
108	Salathiel de F. Lobato & Comp.	Mar de Hespanha	» » 2.
109	Antonio Ferreira de Assis	Leopoldina	» » 4.
123	Modesto Henrique de Mattos	Mar de Hespanha	» » 3.
132	Anna da Cunha Ferreira Carneiro	Juiz de Fòra	» » 1.
136	Pedro José Henriques	»	» » 2.
145	Manoel J. da Rocha	Leopoldina	» » 2.
166	Baronne de S. José do Rio Preto	Juiz de Fòra	1re bonne, 2.
172	Joaquim Luiz de Sousa Breves	St. Jos. de Alem Parahyba	2e » 2.
173	Carolina de Assis Isabel de Campos	Juiz de Fòra	1re » 2.
174	Bernardo C. de Oliveira Araujo	St. Jean Nepomuceno	» » 2
175	Lucas Soares de Gouvêa	Leopoldina	Moka, 4.
176	Maria Candida Perpetua	Juiz de Fòra	1re bonne, 1.
180	Virissimo Antonio da Silveira	St. Jos. d'Alem Parahyba	» » 2.
182	Antonio Tertuliano Ribeiro	Juiz de Fòra	» » 1.
186	Dr Joaquim Barbosa Castro	Mar de Hespanha	» » 2.
191	Manoel Luiz Alves & Comp.	Juiz de Fòra	» » 2.
192	Dr Thomaz de Aquino Leite	»	» » 2.
193	Pedro Procopio R. Valle	Rio Novo	» » 1.
194	José Luiz R. Horta	Juiz de Fòra	» » 2.
200	Dr Thomaz de Aquinno Leite	»	» » 1.
208	Severino José Henrique	»	lavé regular, 2.
211	Antonio Cardoso Brochado	Leopoldina	1re ordinaire, 1.
223	Dr João Baptista de Carvalho	St. Jos. de Alem Parahyba	lavé bon, 2.
214	Dr Francisco de Assis P. de Andrade	Mar de Hespanha	» » 2.
215	Eduardo Carneiro de Mendonça	»	» regular, 2.
223	Dr Eugenio Teixeira Leite	Juiz de Fòra	» » 2.
224	Dr Luiz de Mello Brandão	»	» bas.
225	Francisco Ferreira de A. Fonseca	»	» regular.
244	Marcellino de B. Pereira de Andrade	»	» » 2.
250	Araujo, Maia & Irmão	St. Jean Nepomuceno	Coco.
252	Rodolpho das Chagas Andrade & C°	Mar de Hespanha	Supérieur, 1.
257	Araujo, Maia & Irmão	St. Jean Nepomuceno	Casquinha.

Nᵒˢ d'ordre.	EXPOSANTS.	Districts où se trouvent les plantations.	Qualité.
262	José B. de A. Leite	Juiz de Fora	Supérieur, 2.
264	Francisco Marianno Halfeld	»	» 2.
265	Fazenda da Fortaleza	»	» 2.
270	Baron de Sta Leocadia	Rio Novo	» 2.
272	Luiz Gomes Braza	Juiz de Fora	» 2.
274	Thomaz J. Candido Laranja	»	» 1.
279	D. Anna da Cunha Ferreira Carneiro	»	» 2.
301	Bernardo B. Soares de Sousa	S. J. d'Alem Parahyba	1re bonne, 1.
302	Baron de Juiz de Fòra	Juiz de Fora	» 2.
304	Antonio Tertuliano Ribeiro	»	» 1.
305	Baron de Juiz de Fora	Juiz de Fora	» 1.
318	Esmeria Candida de Barros	»	» 1.
323	José Augusto de Resende	Rio Novo	» 2.
324	João Paulo de Castro	»	» 1.
326	Carolina de A. Isabel de Campos	Juiz de Fora	» 2.
347	Teixeira Leite & Irmão	»	» 1.
348	Carlos José Ribeiro	Pomba	» 1.
350	Valerio Corrêa Netto	Leopoldina	» 1.
351	Rodolpho das C. Andrade & Comp.	Mar de Hespanha	» 2.
352	João Guedes da Costa	Leopoldina	» 1.
353	Francisco Marianno Halfeld	Juiz de Fora	» 2.
356	Vicomte de Mesquita	Leopoldina	» 2.
358	José Manoel Pacheco	Juiz de Fora	» 1.
360	Carlos J. das Chagas & Comp.	»	» 1.
362	José Custodio Ferreira	Rio Novo	2e bonne, 1.
365	Antonio Ferreira de Assis	Leopoldina	1re » 2.
366	Francisco de Assis Teixeira	»	» 1.
367	Belchior Dutra de Moraes	Mar de Hespanha	» 2.
371	Julio Cezar de M. M. de Barros	Leopoldina	» 1.
372	Josué Leite Ribeiro	Juiz de Fora	» 2.
373	Albino de Cerqueira Leite	»	» 1.
375	Antonio Manoel Pacheco	»	» 2.
376	Salathiel de Faria Lobato & Comp.	Mar de Hespanha	» 1.
383	Silvino de Oliveira Serra	»	2e » 1.
384	Dr José Cesario de Faria Alvim	Ubà	1re » 1.
389	João Alves Constantino	Rio Novo	» 1.
391	Julio Cezar de Castro	»	» 1.
394	Baron de Itatiaya	Juiz de Fora	» 1.
396	Commandeur Joaquim de Campos Negreiros	Leopoldina	» 2.
399	Dr Antero J. de Lage Barbosa	Juiz de Fora	Moka, 3.
405	João Carlos de Araujo Moreira	Uba	1re bonne, 2.
406	Antonio Furtado de Campos	Pomba	1re regular, 1.
409	João Domingos dos Santos	Juiz de Fora	» » 2.
414	Araujo, Maia & Irmão	S. J. Nepomuceno	» 1.
418	José Cesario de F. Cortes	Leopoldina	» 2.
419	Dr Hippolito Dornellas de A. Mello	Juiz de Fora	» 2.
420	Joaquim Vieira R. e Silva	Cataguazes	» 1.
421	José Augusto de Figueiredo Cortes	S. J. d'Alem Parahyba	» 1.
435	João Moreira Fortes	S. J. Nepomuceno	» 1.
436	Marciano Furtado de Mendonça	»	» 2.
438	Dr Francisco Antonio de A. e Cunha	S. J. d'Alem Parahyba	» 1.
441	Francisca da Cunha N. de Ayrosa	Juiz de Fora	Lave regular, 1.
443	Elvira Rabello Portes	S. J. Nepomuceno	1re regular, 2.
446	Antonio Vicente R. Guerra	»	2me bonne, 2.
449	João Loureiro de Albuquerque	Juiz de Fora	1re regular, 1
452	Dr Joseph Lynch	Uba	» » 2.
455	Augusto Mendes Teixeira	Rio Novo	» 1.
456	Thomé Dias dos Santos Brandão	Rio Preto	» 1.
466	José F. Leal Braga	S. J. Nepomuceno	» 2.
468	Barros & Filho	Juiz de Fora	» 1.
475	Anna Joaquina Machado	Mar de Hespanha	» 2.
476	Gervasio A. Monteiro de Castro	Leopoldina	1re ordinaire, 1.
478	Leoncio de Figueiredo Cortes	»	1re regular, 1.
481	Balduino Joaquim de Menezes	Rio Preto	» 1.
483	Cypriano Gomes Figueira	Leopoldina	» 1.
485	Héritiers de Maria L. de Jesus	Mar de Hespanha	» 2.
491	Antonio Teixeira Marinho (Commandeur)	»	» 2.
493	Manoel Gonçalves de F. Cortes	Leopoldina	» 2.

Nᵒˢ d'ordre.	EXPOSANTS.	Districts où se trouvent les plantations.	Qualité.
495	Veuve et Héritiers de José M. M. M. da C. Reis	Leopoldina	1ʳᵉ regular, 2.
496	Oscar Teixeira de F. Cortes	»	» » 2.
498	José Cesario de F. Cortes	S. J. d'Alem Parahyba	» » 2.
500	Justino de Mesquita Pereira	Rio Preto	» » 1.
503	Joaquim José Lizardo Rodrigues	Rio Preto	» » 2.
508	Carlos José Pereira	Juiz de Fora	» » 1.
513	Dᵉ H. Gomes de Penna Coutinho	Leopoldina	» » 1.
521	Antonio Theodoro da Silva	Muriahé	» » 2.
525	Francisco Justino de Barros	Juiz de Fora	» » 1.
526	Arthur Custodio Ferreira	Rio Novo	» » 1.
529	Lieutenent Colonel Pedro José Pires	»	» » 1.
532	João Candido Nogueira	Mar de Hespanha	» » 1.
534	Manuel Honorio de Campos	Juiz de Fora	» » 2.
537	Francisco José de Oliveira Braga	»	» » 2.
538	Custodio Rabello Teixeira	S. João Nepomuceno	» » 1.
541	Antonio Tertuliano Ribeiro	Juiz de Fora	» » 2.
547	Dᵉ Antero J. Lage Barboza	»	» » 1.
548	Marciano Teixeira Marinho	Leopoldina	» » 2.
549	Commandeur Gervasio Ant. Monteiro da Silva	Juiz de Fora	» » 2.
564	Colonel Joaquim Martins Ferreira	Leopoldina	» » 1.
566	Maria Eufrasia Monteiro de Bastos	Mar de Hespanha	» » 1.
567	Cap. José Custodio de Assis Vieira	Juiz de Fora	» » 1.
569	Esmeria Candida de Barros	»	» » 1.
571	Maria José de Nasareth	»	» » 1.
583	Martins Fereira & Irmãos	Mar. de Hospanha	» » 1.
589	Francisco Ribeiro de Magalhaens	Juiz de Fora	» » 1.
591	Joaquim Candido Guimarães	Rio Preto	» » 1.
602	José Ribeiro Junqueiro	Leopoldina	» » 1.
610	João Baptista Guimarães	»	» » 1.
613	Manoel Lobato Galvão de S. Martinho	»	» » 2.
616	Modesto Henrique de Mattos	Mar d'Hespanha	» » 2.
622	João Panfiro	Juiz de Fora	» » 2.
629	Modesto Henrique de Mattos	Mar d'Hespanha	» » 1.
630	Anna de Pontes França & Ismão	Juiz de Fora	» » 2.
632	Antonio Luiz de Carvalho & Silva	Mar d'Hespanha	2ᵉ bonne, 2.
636	Joaquim Antonio dos Santos	»	1ʳᵉ ordinaire, 1.
638	Alfredo Ascoly	»	» » 2.
643	Francisco Jeronymo Bittencourt de Castro	Leopoldina	» » 2.
650	Casimiro Antonio Vidal	»	» » 1.
653	Emerenciano Fabiano Alves	Juiz de Fora	» » 2.
654	Manoel Rodrigues Medeiros	»	» » 2.
657	Sousa & Filho.	Leopoldina	» » 1.
662	Anna Joaquina de Jesus	Mar de Hespanha	1ʳᵉ regular, 2.
663	Antonio J. dos Santos Nazareth	Juiz de Fora	» » 1.
669	Le Rev. Curé Francisco J. dos Santos	S. J. d'Alem Parahyba	» » 2.
670	Les fils mineurs du Com. J. Anastacio da Costa Lima	Juiz de Fora	» » 2.
672	Francisco Machado de Magalhaens	Porto Novo	» » 2.
678	Brandão & Comp.	Rio Preto	1ʳᵉ ordinaire, 1.
683	Dᵉ Henrique C. de Sousa Vaz	Juiz de Fora	» » 2.
684	José Moreira Alfenas	Uba	» » 1.
687	Dᵉ Felicissimo M. de M. Barros	»	» » 1.
688	Francisco da Silva Leite & Irmão	S. J. d'Alem Parahyba	» » 1.
691	Severino Martins Ramos	»	» » 1.
692	José Ambrosio Ribeiro	Mar de Hespanha	1ʳᵉ regular, 1.
694	Joaquim Dutra Nicasso.	S. J. Nepomuceno	2ᵉ ordinaire, 1.
697	Domingos Eugenio Pereira	Mar de Hespanha	» » 2.
698	Candido da Silva Ladeira	S. J. Nepomuceno	» » 2.
703	Marinho & Irmão	Cataguazes	» » 2.
708	Commandeur Firmino François Alibert	Mar de Hespanha	» » 1.
710	Francisco Celidonio Gomes dos Reis	Leopoldina	» » 2.
711	Francisco M. Kennitz de Lima	Juiz de Fora	1ʳᵉ » 2.
715	Daniel de Moraes Sarmento	Rio Novo	» » 1.
718	Francisco C. de F. Cortes Junior	Leopoldina	» » 1.
719	Manoel Joaquim da Rocha	»	» » 2.
720	Carlota Martins de Oliveira	Mar de Hespanha	» » 2.
721	Arthur Custodio Ferreira	Rio Novo	» » 2.
722	Francisco Cesario de F. Cortes	Mar de Hespanha	» » 1.
724	Anna Candida de Mendonço Medina	S. J. Nepomuceno	» » 1.

Nᵒˢ d'ordre.	EXPOSANTS.	Districts où se trouvent les plantations.	Qualité.
725	Héritiers de João A. Alves Pinto	Mar de Hespanha	1re ordinaire, 2.
728	Baron do Louriçal	»	1.
730	Baron da Leopoldina	Leopoldina	» 2.
732	José Joaquim Monteiro de Castro	»	1.
737	Salathiel de Faria & Chagas Filhos	Rio Novo	2.
744	Elisa Josephina A. de C. Monteiro	Leopoldina	2.
747	Dr Arthur Teixeira Leite	»	1.
749	Elydio Cesario de F. Cortes	»	1.
753	Francisco José Bastos de Campos	Mar de Hespanha	2.
760	Francisco Gabriel de Lacerda	Cataguazes	2.
766	Manoel José Pères	Rio Novo	1.
770	Antonio Carlos Pereira	Leopoldina	1.
772	Francisco Antonio Pereira	»	1.
773	Augusto Barbosa de Castro	S. J. Nepomuceno	2.
774	Doutor Antonio R. Monteiro Manso	Leopoldina	2.
776	José Corrêa Pinto	Mar de Hespanha	2.
778	Firmino Dias Tostes	»	2.
781	Antonio G. da Fonseca Teixeira	Leopoldina	2.
782	Maria do Carmo & Filhos	»	2.
784	João Evangelista T. de Barros	»	1.
786	Antonio Ferreira Martins	Mar de Hespanha	2.
789	José Virgilino da Trindade	Uba	2.
790	Francisco L. de Andrade Goulart	Mar de Hespanha	1.
791	Francisco Herculo C. de Siqueira	S. J. Nepomuceno	2.
792	Candido Rodrigues de Oliveira	Rio Novo	1.
793	Jeronymo Pereira dos Santos	Mar de Hespanha	2e bonne, 1.
794	Joaquim Ramos da Cruz	»	1.
798	Tristão Corrêa Dias	Leopoldina	2.
802	Francisco Carlos Rauthier Duarte	Mar de Hespanha	1.
808	Joaô Gualberto Damasceno Ferreira	Léopoldina	2.
810	Joaô Batalha Rodrigues	Muriahé	1.
814	Anacleto Dias da Costa	S. José Alem. Parahyba	1.
815	Antonio Gonçalves Ferreira	Leopoldina	1.
819	Ignacio Gomés de Assumpçam	S. J. Alem. Parahyba	2.
824	Manuel Dutra de Moraes	Mar de Hespanha	1.
827	José Silvestre Rauthier Duarte	Mar d'Hespanha	2.
830	Joaô Baptista Guimaraes	Leopoldina	2.
831	Commandeur J. José Medeiros	S. J. Nepomuceno	1.
832	Joaô G. Coelho	Rio Novo	1.
833	Victorino J. Monteiro	Muriahé	2.
837	Cor. Manoel Furtado Ribeiro	Cataguazes	1.
838	Marcellino Dias Fortes	Mar Hespanha	2.
839	Jacintho de G. Arruda	Leopoldina	1.
840	Francisco Pedro Monteiro da Silva	Juiz de Fora	1.
842	Pedro Dutra Nicacio	Cantagallo	2.
843	Modesto Rodrigues Pereira da Silva	Ubá	1.
844	J. Marciano Pereira da Silva	»	1.
849	Marcellino J. da Costa	Mar de Hespanha	2.
850	Cap. Gustavo de P. Villas Boas	Leopoldina	2.
851	Francisco de Paula Coutinho	Pombal	2.
853	José Pedro Martins d'Almeida	Rio Preto	1.
855	Marcellino G. Per. da Silva	Pombal	2.
856	Carlos Augusto Monteiro de Barros	Muriahé	1.
857	Araujo Maia & Irmao	S. J. Nepomuceno	1re 1.
859	Baron de St. Helena	Juiz de Fora	2e 1.
860	José G. de Resende	Mar de Hespanha	1.
863	Antonio Paulino d'Assis Abreu	Pombal	2.
864	Antonio Jorge de Pimentel Carvalho	Rio Preto	2.
865	Héritiers du Dr J. Joaquim	S. J. d'Alem Parahyba	2.
866	Antonio Ferreira Netto	Leopoldina	1.
868	Anna C. de Mand. Medeiros & Filhos	S. J. Nepomuceno	1.
869	Antonio J. Monteiro de Resende	Leopoldina	1.
870	Nominato Teix. Ervilha	Uba	2.
872	Marciano R. da Silva	Muriahé	2.
874	Rachel & Banho	Leopoldina	1.
875	José Joaquim Per. Ramos	Cataguazes	1.
876	Domiciano Esteves do Santos	»	2.
878	J. Antonio da Costa Corindra	»	2.

Nos d'ordre.	EXPOSANTS.	Districts où se trouvent les plantations.	Qualité.
883	Christovao José de Sousa	Mar de Hespanha	2e bonne, 2.
884	Commandeur Lucas Antonio Mont. de Barros	»	» » 1.
885	J. Maria de Carvalho	Leopoldina	» » 1.
891	Manoel da Silva Ferraz	Pombal	» » 2.
893	Antonio J. dos Santos Resende	Leopoldina	» » 1.
898	Manoel José Pereira Torres	S. J. de Alem Parahyba	1re regular, 1.
900	Leandro José d'Almeida	Mar de Hespanha	2e bonne, 1.
904	Francisco Antonio Pereira Bravo Fils.	Muriahé	2e ordinaire.
909	Luiz Bonifacio d'Aranjo	M. Hespanha	2e bonne 1.
911	Esequiel Roiz Fortes	Rio Novo	2e ordinaire.
912	Val. Coelho dos Santos Monteiro	Leopoldina	» »
914	Aranjo Maia & Irmao	S. J. Nepomuceno	» »
919	Barboza de Oliveira & Co	Leopoldina	» »
932	Luiz Holsmeister	Espirito Santo	Capitania.
942	Baronne de S. Jean Nepomuceno	Juiz de Fora	1re regular, 2.
944	Thomé Ignacio Botelho	»	» » 2.
945	Inocencio Luiz M. de Avellar	Rio Preto	» » 1.
946	Theophilo Fer. Henrique	Juiz de Fora	2e » 2.
947	Dr Antonio Pedro C. da Costa Reis	Leopoldina	1re » 2.
949	Antonio Alves Pinto da Cruz.	Pio Preto	» » 2.
951	Antonio Furtado de Campos	Pombal	» » 2.
952	Colonel Joaq. Martins Ferreira	Leopoldina	1re » 2.
953	Elias Ventura da Costa Marinho	Cataguazes	» » 1.
956	Joaq. Candido Guimaraens	Rio Preto	» » 2.
958	Fortunato J. Pereira de Sousa	Rio Novo	1re ordinaire, 1.
960	Joaq. Roiz. de Aquino Leite	Juiz de Fora	» regular, 1.
961	Pedro Maria Halfeld	»	» » 2.
965	Domingos Ferreira Netto	Leopoldina	2e bonne, 1.
966	Augusto Eugenio de Resende	Rio Novo	» » 1.
968	Pedro Lopes da Costa	Cataguazes	» » 1.
969	Maximiano Gonçalves Lamas	S. J. Nepomuceno	» » 1.
972	Damaso Dias Ladeira	Rio Novo	» » 1.
980	Francisco de Paula Ladeira	Cataguazes	» » 1.
981	José Caetano Gonçalves	Leopoldina	» » 2.
991	Dr Bernardo F. C. da Costa Reis	Cataguazes	1re ordinaire, 2.
992	Ananias José de Andrade	Juiz de Fora	» » 1.
993	Francisco de Paula Ferreira de Resende	Leopoldina	» » 2.
994	Valeriano Manso M. da Costa Reis	»	» » 1.
996	Felippe F. de Paula	»	» » 2.

Province de Cearà.

Nos d'ordre.	EXPOSANTS.	Districts où se trouvent les plantations.	Qualité.
929	Luiz Ribeiro da Cunha	Cearà	Moka.
930	Singlehurst & Co	»	»
931	Luiz Ribeiro da Cunha	»	Spéciale.

Province de Espirito-Santo.

Nos d'ordre.	EXPOSANTS.	Districts où se trouvent les plantations.	Qualité.
359	Luiz Francisco de Carvalho	Cachoeiro do Itapemerim	2me bonne, 1.
726	José Gomes Pinheiro	»	1re ordinaire, 1.
805	Heritiers de Manuel Gomes Silveira e Sousa	»	» » 2.
823	José Antonio Torres	»	» » 1.
835	José Francisco Furtado de Mello	St. Joseph do Calçado	» » 2.
848	Joaq. José d. Almeida Ramos	Cachoeiro de Itapemirim	» » 1.
877	José da Rosa Machado	»	2me bonne, 1.
888	Manoel Bernardo de Oliveira.	»	» » 1.
894	Jeronymo Francisco Ascenso Duràons	S. Matheus	» » 1.
903	Matheus H. Mont. Nog. da Gama	Cachoeiro de Itapemirim	2e ordinaire.
910	José Alves de Sousa Coutinho	»	» »
915	Franc. de Salles Ferreira	»	» »
918	Manoel Gomes da Fonseca	S. J. do Calçado	» »
921	Café das Colonias 2e territorio	Espirito Santo	2e bonne, 1.
922	Café das Colonias no 4e territorio	»	1re ordinaire, 2.
923	Café da Colonia do Castello	»	2e bonne, 1.
924	Café das Colonias 1e territorio	»	1re ordinaire, 2.
925	Café da Colonia S. Izabel	»	2e bonne, 2.

N°s d'ordre.	EXPOSANTS.	Districts où se trouvent les plantations.	Quantité.
926	Café das Colonias 3º territorio	Espirito Santo	2ᵉ bonne, 1.
927	Café da Colonia de S. Leopoldina	»	1ʳᵉ ordinaire, 2.
928	Café das Colonias 5º territorio	»	» » 2.
971	Francisco de Souza Monteiro	Itapemerim	2ᵉ bonne, 1.
977	Joao Bernardes de Souza	»	» » 1.
982	Bernardo José da Silveira	»	» » 1.
998	Café da Colonia do Castello	Espirito Santo	1ʳᵉ ordinaire, 2.
999	Café da Colonia de S. Izabel	»	» » 2.
1000	Café da Colonia do Rio Novo	»	» » 2.

ARTICLES DIVERS.

Exposants.

Aguiar, Furquim et Werneck, à Rio-de-Janeiro . . . . Crême de Café.
Haritoff (Maurice), sujet russe, à Rio-de-Janeiro et à Bella-
    Alliança (Pirahy, province de Rio-de-Janeiro) . . . . . . Eau-de-vie Laranjinha.
Colonie Silveira-Martins, province de Rio-Grande du Sud . . . Vin.
   »   »   »   »   »   »   »   » . . . Blé.
   »   »   »   »   »   »   »   » . . . Seigle.
   »   »   »   »   »   »   »   » . . . Soie grège.
   »   »   »   »   »   »   »   » . . . Lin.
   »   »   »   »   »   »   »   » . . . Tabac en rouleaux.
Haritoff (Maurice), à Rio-de-Janeiro et à Bella-Alliança (Pirahy,
    province de Rio-de-Janeiro) . . . . Cigares.
Haritoff (Maurice). . . . . Tronc du Caféier.
Aranjo Maia et Irmaõ, à Rio-de-Janeiro . . . . 2 troncs de Caféier.
   »   »   »   »   »   » . . . . Quelques spécimens de minéraux du
               Brésil, dont quelques-uns sont
               diamantifères.
Marc Ferrez, Photographe de la Marine Impériale, à Rio-de-
    Janeiro. . . . . Plusieurs photographies, vues du Brésil.
Directeur du chemin de fer de Pedro II . . . . Un album contenant 44 vues de sta-
               tions, ponts et œuvres d'art.
Centro da Lavoura e do Commercio . . . . Plusieurs cartes géographiques du Brésil.
Haritoff (Maurice) . . . . Un tableau représentant sa Fazenda
               (établissement rural) de Bella-
               Alliança, district de Pirahy, pro-
               vince de Rio-de-Janeiro.

ANNEXE.

2ᵉ ÉDITION D'UNE BROCHURE

EN RUSSE ET EN FRANÇAIS

DISTRIBUEE AUX VISITEURS

DE

L'EXPOSITION BRÉSILIENNE

DE

ST-PÉTERSBOURG.

1884.

БРАЗИЛЬСКІЙ КОФЕ.

LE CAFÉ DU BRÉSIL.

С.-ПЕТЕРБУРГЪ.
Типографія газеты «НОВОСТИ», Мойка № 90.
1884.

Это ты, божественный кофе, котораго пріятная влага веселитъ сердце, не смущая головы! Едва я вдохнулъ запахъ твоего ароматическаго пара, какъ, мгновенно, палящій жаръ твоей родины пробуждаетъ во мнѣ, безъ тревоги и хаоса, всѣ мои чувства. Снова мысли сбѣгаются ко-мнѣ бурной струей, воображеніе, до того бѣдное, грустное и безплодное, весело смѣясь, вновь роскошно и богато одѣнется и я, чувствуя въ себѣ пробужденіе генія вдохновенія, убѣжденъ, что, въ каждой твоей каплѣ пью лучъ благотворнаго солнца.

Делиль.

БРАЗИЛЬСКІЙ КОФЕ.

ВЫСТАВКА

БРАЗИЛЬСКАГО КОФЕ,

въ С.-Петербургѣ,

была открыта 5-го (17-го) мая, 1884 года, одновременно съ международною выставкой садоводства. Устроена она обществомъ „Земледѣлія и Торговли“, въ Ріо-Жанейро. Общество это имѣетъ цѣлью установить прямыя торговыя сношенія между обѣими имперіями: Россіей и Бразиліей.

Спеціальная брошюра о Бразиліи, равно и каталогъ, на французскомъ языкѣ, могутъ получить всѣ, заявившіе желаніе, въ Бразильскомъ павильонѣ выставки въ Михайловскомъ манежѣ.

ПРОИЗВОДСТВО КОФЕ

Бразилія производитъ ежегодно 360 милліоновъ килограммъ или 22 милліона пудовъ кофе.

Всѣ остальныя страны, соединенныя вмѣстѣ, производятъ 300 милліоновъ килограммъ или 18 милл. пудовъ.

Итого, общее количество производящагося на всемъ земномъ шарѣ кофе, = 40 милліон. пудовъ.

Изъ разсчета этого оказывается, что Бразилія, одна, производитъ болѣе половины всего кофе, производящагося на земномъ шарѣ.

Въ 1800 году, Бразилія отпускала за-границу всего 5 пудовъ.

Въ 1840 году, она производила уже 3 милліона пудовъ.

Въ настоящее время, она производитъ 22 милліона пудовъ.

КОФЕ.

Его производство.

Обширное развитіе кофейной культуры въ Бразиліи и быстрота ея движенія, тѣмъ болѣе въ странѣ, гдѣ рабочія руки такъ рѣдки, является однимъ изъ самыхъ поразительныхъ феноменовъ нашего столѣтія.

Агассъ. (Путешествіе по Бразиліи).

Кофейное дерево происходитъ изъ Аравіи и было акклиматизировано въ большомъ количествѣ странъ, въ томъ числѣ и въ Бразиліи, гдѣ оно нашло какъ климатъ, такъ и почву, исключительно благопріятными для своего развитія.

Ежегодное производство кофе, на всемъ земномъ шарѣ, опредѣлено въ 40 милліоновъ пудовъ, и, въ этой массѣ, бразильскіе кофе фигурируютъ въ количествѣ 22 милліоновъ пудовъ. Изъ этого разсчета видно, что Бразилія одна даетъ больше половины всего производящаго на земномъ шарѣ, кофе. Прибавимъ къ этому, что кофейное производство, въ Бразиліи, съ каждымъ годомъ, быстро расширяется и увеличивается, между тѣмъ, какъ, въ другихъ мѣстахъ, оно все болѣе уменьшается.

Въ теченіи послѣднихъ двадцати лѣтъ, земледѣльцы Бразиліи положили всѣ свои старанія на то, чтобы сажать только лучшіе сорта кофейнаго дерева, употреблять способы къ его производству наиболѣе усовершенствованные и избирать самыя лучшія машины и орудія. Всѣ эти разумныя старанія и усилія были вознаграждены превосходнымъ качествомъ продукта. Болѣе, чѣмъ на двадцати выставкахъ, происходившихъ въ теченіи послѣднихъ трехъ лѣтъ, бразильскіе кофе были предпочтены всѣмъ остальнымъ, другаго происхожденія, и получали вездѣ высшія отличія, золотыя медали и почетныя отзывы.

Такимъ образомъ, Бразилія является главнѣйшимъ производителемъ кофе, какъ по количеству, такъ и по качеству,

---

Польза кофе.

„Кофе, дающій производительность уму политическаго дѣятеля и дающій ему возможность, полузакрытыми глазами, видѣть отчетливо всё".

Попъ.

Кофе не представляетъ собой исключительно напитокъ роскоши, но вмѣстѣ и напитокъ здоровый, укрѣпляющее и противолихорадочное средство, которое помогаетъ правильности пищеваренія, сохраняетъ и поддерживаетъ здоровье тѣла, въ тоже самое время, пробуждая и изощряя умъ.

Въ жаркихъ странахъ, кофе потребляется въ громадномъ количествѣ потому, что онъ замѣняетъ тамъ, безусловно, спиртные напитки, употребленіе которыхъ было-бы смертельно.

Въ холодныхъ странахъ, потребленіе кофе увеличивается и распространяется, все болѣе и болѣе, потому, что кофе согрѣваетъ и укрѣпляетъ, какъ и спиртные напитки, съ тою только разницею, что, чрезмѣрное употребленіе его, не вызываетъ никакихъ опасеній. Напротивъ, кофе, употребляемый вмѣстѣ съ водкой или другими спиртными напитками, помогаетъ полезному дѣйствію спирта и смягчаетъ ужасныя послѣдствія, вызываемыя чрезмѣрнымъ употребленіемъ спиртныхъ напитковъ.

Опытъ послѣднихъ войнъ подтвердилъ полезное дѣйствіе кофе и доказалъ, какое полезное средство представляетъ его употребленіе для довольствій армій, въ военное и походное время. Кофе предназначено занять одно изъ самыхъ солидныхъ мѣстъ, въ употребленіи всѣхъ народовъ, и Бразилія, владѣющая пространствомъ болѣе трехъ милліоновъ квадратныхъ километровъ, годныхъ для его производительности, будетъ имѣть всегда возможность увеличить свое производство, чтобы ставить его для всеобщаго потребленія.

Приготовленіе кофе.

Я люблю готовить самъ этотъ дорогой нектаръ и никто не отнимаетъ у меня этой пріятной заботы.

Делиль.

Мы не будемъ говорить здѣсь о тѣхъ трудахъ, которые выпадаютъ на долю производителя, при обработкѣ и сборѣ зерна, до насыпки его въ мѣшки и отправки въ продажу. Мы хотимъ только дать потребителямъ необходимыя для нихъ указанія для полученія хорошаго кофе.

Необходимо знать прежде всего, что зеленый кофе, т. е. еще не сжареный, можетъ быть сохраненъ, съ большею пользой для его качества, онъ сохраняется въ сухомъ мѣстѣ. Кофе, старѣя, получаетъ то-же свойство и качество, какъ и вино въ бутылкахъ. Въ то-же время, старѣя, онъ высыхаетъ, теряетъ въ своемъ вѣсѣ и увеличивается въ цѣнѣ, въ силу чего, въ продажѣ, большею частью, встрѣчается кофе очень молодой, ароматъ котораго не достигъ еще своего полнаго развитія.

Въ виду этого, можно посовѣтовать богатымъ любителямъ этого напитка, сохранять кофе на своихъ чердакахъ, какъ они сохраняютъ свое вино въ погребахъ и, такимъ образомъ, имѣть возможность угостить своихъ гостей чашкой кофе: пяти лѣтъ, восьми лѣтъ или старше.

Что-же касается до сорта, которому дать предпочтеніе, или до смѣшенія, которое можно сдѣлать изъ нѣсколькихъ разныхъ сортовъ, то это совершенно зависитъ отъ вкуса каждаго; мы же должны напомнить по этому поводу, что Бразилія акклиматизировала всѣ разнообразные виды кофе, извѣстные въ мірѣ, старые и новые, и что болѣе половины того кофе, которое продается подъ именами Мокка, Ява, Мартиника, Бурбонъ и т. д. есть, въ дѣйствительности, кофе бразильскаго происхожденія.

Разъ кофе достигъ до желаемой степени старости, надо его сжарить. Дѣло это требуетъ особенной осторожности, вниманія и заботы. Если оно дурно поведено, могутъ произойти слѣдующія неудобства: или зерно недостаточно сжарится и, въ силу этого, останется непріятный вкусъ сырости, — или, на оборотъ, зерно пережарится, а съ этимъ потеряется весь ароматъ и часть кофе обратится въ уголь, — или зерно будетъ неравномѣрно поражено, поверхность его обуглена, а внутренность останется сырою, или же, наконецъ, не всѣ зерна будутъ сжарены одинаково: одни слишкомъ много, другіе недостаточно. Чтобы избѣжать всѣхъ этихъ неудобствъ необходимо, съ предосторожностью, установить жаровню на огнѣ, не слишкомъ сильномъ и пылающемъ, дабы жаръ имѣлъ время проникнуть во внутрь зерна и сжарить его, не обугливая наружной его стороны, и затѣмъ вертѣть жаровню движеніемъ постояннымъ и равномѣрнымъ, чтобы жаръ, проникая и распредѣляясь правильно, прожаривалъ одинаково всю массу кофе и, наконецъ, необходимо, время отъ времени, открывать жаровню и убѣждаться въ степени его прожаренья. Какъ только зерно достигло темно-коричневаго цвѣта, дѣло кончено и кофе сжаренъ.

Сжареный кофе долженъ быть употребленъ немедленно или, по крайней мѣрѣ, не долженъ сохраняться долѣе двухъ или трехъ дней. Отъ болѣе долгаго храненія, отъ него отдѣляется, очень существенное, маслянистое вещество, которое, отъ соприкосновенія съ воздухомъ, окисляется и горкнетъ, какъ обыкновенное масло. Въ виду этого, мы совѣтуемъ лицамъ, которыя жарятъ кофе у себя дома, производить это только съ небольшимъ количествомъ, въ одинъ разъ, а лицамъ, покупающимъ уже совсѣмъ сжареный кофе, у торговцевъ, обращаться за нимъ исключительно въ такія торговыя заведенія, этой спеціальности, которыя имѣютъ большой сбытъ и не продаютъ лежалаго жаренаго кофе.

Разъ кофе не долженъ быть жаренъ задолго до употребленія, тѣмъ болѣе долженъ онъ быть молотъ только передъ самымъ его употребленіемъ, такъ какъ обращенный въ порошокъ, онъ еще быстрѣе теряетъ свой ароматъ. Во всякомъ случаѣ, никогда не слѣдуетъ покупать молотаго кофе у торговцевъ, не только въ силу отсутствія въ немъ аромата, но еще болѣе въ виду поддѣлокъ, которымъ молотый кофе очень легко поддается. Необходимо имѣть въ каждомъ домѣ маленькую кофейную мельницу и всякій разъ молоть то количество, которое понадобится для употребленія.

Для варки кофе можно употреблять кофейники всѣхъ сортовъ, но предпочтеніе нужно отдавать фаянсовымъ, фарфоровымъ, серебрянымъ или изъ англійскаго металла.

Кофе, въ порошкѣ, долженъ быть положенъ въ мѣшочекъ или цѣдилку, чрезъ которую пропускается затѣмъ вода, такимъ образомъ, чтобы наружная поверхность его была хорошо выравнена, иначе вода не пройдетъ одинаково чрезъ весь порошекъ и не приметъ въ себя всей его силы. Вода должна быть наливаема кипящая, небольшими частями и послѣдовательно, до необходимаго количества, чтобы порошекъ имѣлъ время размокнуть и передать всѣ главныя свои основныя части, составляющія силу и ароматъ кофе.

Когда это сдѣлано, кофе готовъ для питья.

Необходимо также остерегаться, чтобы кофе не кипѣлъ, иначе онъ потеряетъ весь свой вкусъ. Если онъ не выпитъ тотчасъ, пока онъ горячъ, мы не совѣтуемъ его разогрѣвать. Лучше выпить его холоднымъ.

Мнѣнія нѣсколькихъ ученыхъ, о бразильскомъ кофе.

"...Напитокъ сей, столь цѣнный для всѣхъ",
"Что чудо Виргилію было.—Вольтеру-жъ прямо
свѣтъ".

Делилъ.

«Я хотѣлъ убѣдиться въ фактахъ, касающихся производства кофе, въ Бразиліи, за 50 лѣтъ. Обширное развитіе этой отрасли промышленности и быстрота ея движенія, тѣмъ болѣе въ странѣ, гдѣ рабочія руки такъ рѣдки, являются, выдающимися и поражающими, экономическими феноменами нашего столѣтія. Благодаря своей настойчивости и благопріятнымъ условіямъ, вытекающимъ изъ свойствъ почвы, бразилійцы получили своего рода монополію на производство кофе. Болѣе половины потребляемаго на земномъ шарѣ кофе, бразильскаго происхожденія. А между тѣмъ бразильскій кофе сравнительно съ другими, стоитъ въ цѣнѣ гораздо низшей. Почему? Просто потому, что большая часть лучшихъ сортовъ кофе, производящихся въ бразильскихъ фацендахъ (фермы), продается подъ именемъ: Ява, Мокка, Мартиника или Бурбонъ. Между тѣмъ Мартиника производитъ вывозъ 600 мѣшковъ въ годъ, Гваделупа, продуктъ которой извѣстенъ подъ названіемъ сосѣдняго острова, собираетъ 6,000, количество нехватающее удовлетворить спросъ, торговаго рынка, въ Ріо-Жанейро, въ теченіи 24 часовъ *). Островъ Бурбонъ едва-ли поставляетъ больше. Почти весь кофе, продаваемый подъ этими названіями, иногда даже подъ именемъ Ява, происходитъ изъ Бразиліи и такъ называемый: Мокка, всего чаще есть ничто болѣе, какъ маленькія, круглыя зерна, бразильскихъ кофейныхъ деревьевъ.

Профессоръ А г а с и з ъ, Сѣверо-Американскіе Соединенные Штаты. (Путешествіе по Бразиліи).

Бразильскій кофе имѣетъ преимущество, предъ кофе всевозможныхъ другихъ происхожденій, пропорціей кофеина, который онъ въ себѣ содержитъ.

Докторъ Е. Л у д в и г ъ, директоръ химической лабораторіи, вѣнскаго медицинскаго факультета.

Всѣ гигіенисты, въ настоящее время, согласились признать здоровое и возбуждающее свойство кофе и выразили желаніе, чтобы онъ занялъ значительное мѣсто, въ средствахъ и предметахъ питанія. Опытъ послѣднихъ войнъ и, въ особенности, нашей арміи въ Африкѣ, настолько вѣско доказалъ преимущества употребленія этого крѣпительнаго вещества, что его употребленіе сдѣлалось обязательнымъ въ арміяхъ, въ тѣхъ случаяхъ, когда солдатъ подвергается утомленію или другимъ, спеціальнымъ, противогигіеническимъ условіямъ. Вмѣстѣ съ тѣмъ, употребленіе кофе, какъ утренній напитокъ, къ счастью, распространяется между рабочимъ классомъ и обѣщаетъ замѣнить въ нихъ, съ большею пользой для здоровья, пагубную привычку пить, передъ тѣмъ какъ отправиться на работу, водку, которая дѣйствуетъ самымъ гибельнымъ образомъ на организмъ.

Въ общемъ, не говоря уже о арабскомъ кофе, кофе острововъ Мартиника и Соединенія, которыя всѣ вмѣстѣ участвуютъ въ потребленіи ихъ во Франціи, не свыше 6,04, бразильскій кофе предпочитается, предъ другими, въ нашей торговлѣ, не только въ силу того особеннаго ухода, съ которымъ собирается; но еще и въ виду своего особаго, отличнаго, качества.

Генералъ М о р е н ъ, директоръ консерваторіи искуствъ и ремеслъ. (Записки консерваторіи искуствъ и ремеслъ).

Бразильскій кофе безспорно одинъ изъ лучшихъ. Въ виду этого спекуляція прибѣгла къ поддѣлкѣ и обогатилась продажей бразильскаго кофе, который сбывался то подъ именемъ Мокка и Мартиникскаго, то подъ именемъ кофе острововъ Цейлона, Ява и Соединенія. Спекуляція эта удалось потому, что качество продукта поддается этому какъ нельзя лучше, но что еще болѣе говоритъ въ его пользу, это то, что онъ съ успѣхомъ оспорилъ почву даже у Именскаго кофе, въ самомъ сердцѣ его производства и его торговли.

М. К о л л и м а н ъ (французскій экономистъ).

---

*) Бразилія производитъ ежегодно 6 милліоновъ мѣшковъ, по 60 килограммъ.

Введеніе въ общее употребленіе кофе являетъ собой элементъ цивилизаціи, и, по количеству выпиваемаго кофе, можно судить о степени воздержанности и трезвости населенія страны. Отчего не сдѣлать обязательнымъ употребленіе чернаго кофе, послѣ обѣда, въ учебныхъ заведеніяхъ. Здоровый напитокъ, съ прекраснымъ запахомъ, весьма пріятный на вкусъ. Вдыханіе кофе, благодаря его гидро-карбоническимъ элементамъ, отличное и полезное средство. По своимъ азотистымъ основнымъ частямъ, кофеинъ, не будучи положительно питательнымъ, поднимаетъ организмъ, возбуждаетъ его и весьма сильно помогаетъ пищеварительному процессу. Кофе не имѣетъ никогда разслабляющаго и унижающаго дѣйствія спиртныхъ напитковъ.

Докторъ Терезополисъ. (Рѣчь, ска-
занная на международномъ конгресѣ гигіены
и демографіи, въ Женевѣ, въ 1883 году).

Изгнаніе алкоголя изъ употребленія не можетъ быть рѣшено до тѣхъ поръ, пока онъ не будетъ замѣненъ другимъ напиткомъ, обладающимъ тѣми-же свойствами и въ то-же время не влекущимъ за собой тѣхъ-же гибельныхъ послѣдствій. Кофе положительно необходимъ войскамъ не только, чтобы ихъ подкрѣплять, возбуждать и согрѣвать, но и для того, чтобы предупреждать и излечивать ихъ отъ болѣзни, очень часто появляющейся во время войны и походовъ,—поноса. Кофе лучшій агентъ, предупредительной гигіены.

Докторъ Люсіенъ Мартенъ. (Жур-
налъ практической гигіены).

C'est toi, divin café, dont l'aimable liqueur,
Sans altérer la tête, épanouit le coeur!
A' peine j'ai senti ta vapeur odorante,
Soudain de ton climat la chaleur pénétrante
Réveille tous mes sens, sans trouble, sans chaos;
Mes pensers plus nombreux accourent à grand flots;
Mon idée était triste, aride, dépouillée,
Elle rit, elle sort richement habillée,
Et je crois, du génie éprouvant le réveil,
Boire dans chaque goutte un rayon du soleil!

Delille.

LE CAFÉ DU BRÉSIL.

EXPOSITION DES CAFÉS DU BRÉSIL
à
ST-PÉTERSBOURG.
1884.

L'exposition des cafés du Brésil à St-Pétersbourg a été inaugurée le 5/17 Mai 1884, en même temps que l'Exposition Internationale d'Horticulture.

L'exposition est faite par la Société *Centro da Lavoura e do Commercio*, de Rio-de-Janeiro (Cercle de l'Agriculture et du Commerce).

Cette Société se propose d'établir des rapports directs de commerce entre les deux Empires de Russie et du Brésil.

Une *Notice sur le Brésil* et un *Catalogue*, écrits en langue française, seront remis à toute personne qui en fera la demande, au Pavillon-Brésilien du Manège Michel.

PRODUCTION DU CAFÉ.

Le Brésil produit par an: 360,000,000 de kil. ou 22,000,000 de pouds.
Tous les autres pays réunis: 300,000,000 » » » 18,000,000 » »

660,000,000 de kil. ou 40,000,000 de pouds.

Le Brésil fournit donc plus de la moitié de la production du globe. En 1800 il n'exportait que 5 pouds. En 1840 il produisait déjà 3,000 pouds. Aujourd'hui il produit 22,000,000 de pouds.

LE CAFÉ.

Sa production.

> L'immense développement de la cul-
> ture du café au Brésil et la rapidité du
> mouvement, surtout dans un pays où les
> bras sont si rares, sont au nombre des
> phénomènes économiques de notre siècle
> les plus frappants.
>
> Agassiz (*Voyage au Brésil*).

Le caféier, ou arbre à café, originaire de l'Arabie, a été acclimaté dans un grand nombre d'autres pays, et surtout au Brésil, où il trouve un climat et des terrains de culture exceptionnellement favorables.

La production annuelle du monde entier est évaluée à 40 millions de pouds; or, dans cette quantité, les cafés brésiliens figurent pour 22 millions de pouds. On voit donc que le Brésil fournit à lui seul plus de la moitié de la production totale du globe. Ajoutons que la culture du café s'étend et s'accroît rapidement au Brésil, tandis qu'elle décroît presque partout ailleurs.

Depuis vingt ans les agriculteurs brésiliens ont apporté tous leurs soins à ne planter que les meilleures espèces de caféier, à employer les procédés de culture les plus perfectionnés, à choisir les machines les plus parfaites. Ces efforts intelligents ont été récompensés par l'excellente qualité des produits. Dans plus de vingt expositions, qui ont eu lieu au cours des trois dernières années, les cafés brésiliens ont été préférés à tous ceux des autres provenances, et ont obtenu partout les plus hautes distinctions, médailles d'or et diplômes d'honneur.

En résumé, le Brésil est, de beaucoup, le plus grand producteur de café en quantité et en qualité.

Son utilité.

> Coffee, which makes the politician wise,
> And see through all things with his half shut eyes.
>
> Pope.

Le café fournit, non pas une boisson de luxe, mais une boisson saine, tonique et antifébrile, qui régularise la digestion, ménage et soutient les forces du corps, en même temps qu'elle réveille et aiguise l'esprit.

Dans les pays chauds la consommation du café est énorme, parce que le café y remplace absolument toutes les boissons alcooliques, dont l'abus serait mortel.

Dans les régions froides la consommation du café s'augmente et se propage de plus en plus, parce que le café réchauffe et fortifie comme l'eau-de-vie, sans que l'abus soit à craindre. Bien au contraire, le café, consommé avec l'eau-de-vie, aide à l'effet utile de l'alcool, et atténue les conséquences terribles qu'entraîne après lui l'abus des liqueurs alcooliques.

L'expérience des dernières guerres a confirmé les effets utiles du café, et a montré quelle immense ressource offre son emploi pour l'alimentation des armées en campagne.

Le café est destiné à prendre une place de plus en plus large dans la consommation de tous les peuples, et le Brésil, qui possède plus de trois millions de kilomètres carrés propres à la culture du café, pourra toujours augmenter sa production pour la mettre au niveau de la consommation.

Préparation du café.

> Que j'aime à préparer ton nectar précieux !
> Nul n'usurpe chez moi ce soin délicieux.
>
> DELILLE.

Nous ne parlerons pas ici des soins à prendre par le producteur pour la récolte café et la manipulation du grain jusqu'à sa mise en sac et son envoi sur le marché.

Nous voulons seulement donner au consommateur les indications qui lui sont indispensables pour se procurer de bon café.

Il est très important de savoir que le café *vert*, c'est-à-dire non encore torréfié, peut être conservé, avec grand profit pour la qualité, pourvu qu'il soit placé dans un lieu sec. *Le café se fait en vieillissant, comme le vin en bouteilles.* Mais, aussi, en vieillissant il se dessèche, il perd de son poids et il augmente de prix ; en sorte qu'on ne trouve dans le commerce que des cafés trop jeunes, et dont l'arome n'a pas encore atteint son entier développement.

Il faut donc conseiller aux riches amateurs d'avoir du café au grenier, comme ils ont du vin en cave, de façon à pouvoir offrir à leurs invités une tasse de café de 6 ans, de 8 ans ou davantage.

Quant à l'espèce à choisir, quant au mélange à faire des différentes espèces, cela dépend du goût et de l'appréciation de chacun ; mais nous devons rappeler ici que le Brésil a acclimaté sur son immense territoire toutes les variétés connues, anciennes ou nouvelles, et que plus de la moitié des cafés vendus sous les noms de Moka, Java, Martinique, Bourbon, etc., sont en réalité des cafés brésiliens.

Le café une fois parvenu au degré de vieillesse que l'on désire, il s'agit de le *torréfier*. C'est là une opération délicate, qui exige beaucoup d'attention et beaucoup de soin. Si elle est mal conduite, il pourra se produire les inconvénients que voici : — ou bien le grain n'est pas assez cuit, il conserve un goût désagréable de vert ; — ou bien le grain est trop cuit, l'arome est perdu et une partie du café est transformée en charbon ; — ou bien le grain est saisi, l'extérieur est trop cuit et carbonisé, tandis que l'intérieur du grain est resté cru ; — ou bien enfin la cuisson est inégale pour les différents grains, les uns sont trop cuits, les autres ne le sont pas assez.

Pour éviter tous ces inconvénients, il suffit d'avoir la précaution d'installer le brûloir sur un feu qui ne soit pas trop ardent, afin que la chaleur ait le temps de pénétrer l'intérieur du grain, et de le cuire, sans carboniser l'intérieur ; de tourner le brûloir d'un mouvement continu et régulier, pour que la chaleur se répartisse et cuise également toute la masse du café ; enfin, d'ouvrir de temps en temps le brûloir pour s'assurer du degré de cuisson. Dès que le grain est arrivé à la couleur marron foncé, l'opération est terminée et le café est cuit.

Le café torréfié doit être consommé tout de suite, ou du moins il ne doit pas être conservé plus de deux ou trois jours. Au delà de ce temps il s'en dégage une huile essentielle, qui s'oxide à l'air, et se rancit comme fait le beurre. Aussi nous conseillons aux personnes qui torréfient le café chez elles de n'opérer que sur de très petites quantités à la fois ; et à celles qui achètent le café torréfié chez le marchand, de ne s'adresser qu'à des maisons ayant un grand débit et ne vendant jamais de café vieux-brûlé.

Si le café ne doit pas être torréfié longtemps à l'avance, à plus forte raison ne doit-il être *moulu* que juste au moment du besoin, car, une fois en poudre, il perd rapidement son arome. Jamais d'ailleurs on ne doit acheter le café moulu chez l'épicier, non pas seulement à cause de la perte de l'arome, mais aussi et surtout à cause des falsifications de toutes sortes auxquelles se prête le café en poudre. Il faut avoir, dans chaque famille, un petit moulin à café et ne moudre chaque fois que la quantité qu'on veut employer.[1]

On peut se servir, pour *faire le café*, de toutes les sortes de cafetières, mais il faut préférer celles en porcelaine, en faïence, en argent ou en métal anglais.

Le café en poudre doit être disposé sur la passoire ou dans la chausse de façon que la surface supérieure soit bien égalisée ; autrement l'eau ne traverserait pas également toute la poudre et ne prendrait pas toute sa force. L'eau doit être versée bouillante, par petites parties, et successivement, jusqu'à la quantité suffisante, afin que la poudre ait le temps de se détremper et d'abandonner à l'eau tous les principes solubles qui constituent la force et l'arome du café.

Cela fait, le café est prêt à servir.

Il faut bien prendre garde que *le café ne doit pas bouillir* ; il perdrait toute sa saveur. S'il n'est pas bu tout de suite pendant qu'il est chaud, nous ne conseillons même pas de le réchauffer, il vaut mieux le boire froid.

Opinion de quelques savants sur le café.

> ...., Cette liqueur, au poète si chère,
> Qui manquait à Virgile et qu'adorait Voltaire.
> DELILLE.

« J'ai voulu m'assurer des faits relatifs à la culture du café au Brésil depuis 50 ans. L'immense développement de cette branche de l'industrie et la rapidité du mouvement, surtout dans un pays où les bras sont si rares, sont au nombre des phénomènes économiques de notre siècle les plus frappants. Grâce à leur persévérance et aux conditions favorables résultant de la constitution du sol, les Brésiliens ont obtenu une sorte de monopole du café. *Plus de la moitié de ce qu'on en consomme dans le monde* est de provenance brésilienne. Et cependant le café Brésil a peu de réputation, il est même coté à un prix inférieur. Pourquoi ? Simplement parce qu'une grande partie des meilleures sortes produites dans les *fazendas* (fermes) brésiliennes est vendue sous le nom de Java, de Moka, de Martinique ou de Bourbon. Or, la Martinique exporte par an 600 sacs de café, la Guadeloupe, dont le produit est connu dans le commerce sous le nom de l'île voisine, en récolte 6,000, pas même de quoi alimenter le marché de Rio pendant 24 heures [1]); l'île Bourbon n'en fournit guère plus. Presque tout le café vendu sous ces dénominations, quelquefois même sous celle de Java, provient du Brésil, et le soidisant *moka* n'est le plus souvent rien autre chose que les petits grains ronds des caféiers brésiliens. »

Professeur Agassiz, des Etats-Unis de l'Amérique
du Nord (Voyage au Brésil).

« Le café du Brésil l'emporte sur les cafés des provenances les plus diverses par la proportion de caféine qu'il contient. »

Dr E. Ludwig, chef du laboratoire de Chimie de la
Faculté de Médecine de Vienne.

«Tous les hygiénistes sont aujourd'hui d'accord pour reconnaître les propriétés salubres et stimulantes du café, et pour désirer qu'il prenne une place de plus en plus importante dans l'alimentation. L'expérience des dernières guerres, et surtout celle de notre armée d'Afrique, ont tellement montré les avantages de l'emploi de cette substance tonique, que son usage est devenu réglementaire dans les armées, lorsque le soldat est exposé à des fatigues ou à des causes spéciales d'insalubrité. Déjà aussi l'usage du café, comme breuvage du matin, se répand heureusement parmi les populations ouvrières et tend à y remplacer, avec grand avantage pour la santé, la funeste habitude de boire, avant de se rendre au travail, de l'eau-de-vie qui agit d'une manière fatale sur l'organisme...

«... En résumé, en dehors des cafés d'Arabie, de la Martinique et de la Réunion, qui n'entrent réellement ensemble que pour moins de 6,04 dans la consommation de la France, *ce sont les cafés du Brésil qui méritent la préférence de notre commerce, non-seulement à cause des soins avec lesquels ils sont récoltés, mais encore par leur bonne qualité.* »

Général Morin, Directeur du Conservatoire des
Arts-et-Métiers de Paris (Annales du Conser-
vatoire des A. et M.).

« *Le café brésilien est sans contredit un des meillesur*... La spéculation eut recours au subterfuge et s'enrichit du café brésilien, qu'elle fit écouler tantôt sous le nom de Moka et Martinique, tantôt sous celui de Ceylan, Java, Réunion. L'expédient réussit, car les qualités du produit s'y prêtaient à merveille, et ce qui parle encore plus en sa faveur c'est qu'il alla disputer, avec avantage, le terrain, même au café de l'Yemen, au cœur de sa production et de son commerce même... »

M. Calliman (Economiste Français).

«... La vulgarisation du café est un élément de civili- sation. Et l'on peut juge de la tempérance des habitants d'une contrée par la quantité de café qui se consomme en boisson. Pourquoi ne pas rendre obligatore dans les maisons d'éducation

---

[1]) Le Brésil produit par an 6,000,000 de sacs de 60 kilogrammes.

l'usage du café noir après les repas? Boisson saine, et d'un parfum délicieux, très agréable au goût, l'infusion de café est par ses éléments hydro-carbonés une excellente liqueur respiratoire. Par ses principes azotés lacaféine, sans être positivement nourrissante, relève l'organisme ; elle l'excite et aide puissamment les fonctions digestives. Le café n'a jamais les effets dépressifs, hyposténisants secondaires des alcooliques... »

Dr Thérésopolis (Discours au Congrès International d'Hygiène et de Démographie à Genève, 1883).

« La suppression de l'alcool ne peut être décidée que s'il est remplacé par un liquide jouissant des mêmes propriétés et ne présentant pas les mêmes résultats funestes. Le café est véritablement indispensable aux troupes, non-seulement pour les soutenir, les exciter et les réchauffer, mais encore pour les préserver ou les guérir d'une maladie fréquente en campagne ou en marche, de la diarrhée... Le café est le meilleur agent d'hygiène préventive... »

Dr Lucien Martin (*Journal d'Hygiène pratique*).